예배,
인생최고의
가치

(주)죠이북스는 그리스도를 대신한 사신으로
문서를 통한 지상 명령 성취와 하나님 나라 확장을 위해 노력합니다.

예배, 인생 최고의 가치
© 2009 김기현

이 책의 저작권은 저자와 (주)죠이북스에 있습니다. 신 저작권법에 의하여 한국 내에서 보호받는 저작물이므로 무단 전재와 무단 복제를 금합니다.

예배, 인생 최고의 가치

김기현 지음

추천사

우리는 "홍수 때 물이 귀하다"는 말, "외치는 자 많건마는 생명수는 말랐어라"라는 노래 한 구절이 새삼스러운 시대를 살고 있습니다. 예배의 유행과 예배 상품의 범람은 오히려 거룩하신 분에 대한 우리의 경외감을 흔들어놓습니다.

김기현 목사님을 생각할 때 가장 먼저 떠오르는 단어는 "균형감"입니다. "학문과 실제"의 균형감, "앎과 삶"의 균형감, "가르침과 따름"의 균형감, "읽기와 쓰기"의 균형감 말입니다. 근래 제가 자주 말하는 "예배는 본질이자 형식이다"라는 아름다운 신비를 김 목사님은 예의 빈틈없는 균형감으로 잘 드러내고 있습니다.

어디서 예배해야 하는지 궁금해하는 여인에게 예수 그리스도는 누구에게 어떻게 예배해야 하는지 답하십니다. 본질의 수호와 형식의 변화를 넘어 "아버지께" "신령과 진정으로" 예배하는 자를 찾으시는 분을 향하는 이 책은 쉽고도 가볍지 않은 무게로 우리 예배 가운데 모세의 엎드림을, 다윗의 춤을 가르칩니다. 마치 유행의 결과물로 오해될 여지가 많은 고만고만한 예배 관련 서적의 홍수

속에서 이 책은 주인과 소자 모두의 몸과 마음을 시원케 할 "냉수 한 그릇"(잠 25:13, 마 10:42)이 되어줄 것을 의심치 않습니다.

민호기 목사

대신대학교 교회실용음악과 교수

소망의 바다 · 찬미워십, 대구 찬미목요예배 인도자

프랭클린 지글러는 "예배는 하나님의 자기계시에 대해 신앙인이 보이는 사랑의 응답이다"라고 했습니다. 예배는 성도가 하나님의 시고힌 기치를 경외와 허신으로 돌려드리는 행위입니다. 이 책 역시 예배를 인생에서 가장 가치 있는 일로 경험한 개교회 담임 목회자가 주일마다 연재한 칼럼입니다. 저자는 현대 교인들에게 예배 가치를 인식시켜서 올바른 예배를 드리게 하기 위해 이 책을 썼습니다.

이 책에서 저자는 해박한 지식에 근거하여 예배의 의미를 지루하지 않게 설명합니다. 또한 성도가 삶의 현장에서 예배를 실천할 때 도움이 될 방법을 자세하게 나눕니다. 예를 들면, 안식일인 주일을 예배하면서 지켜야 하는 문제를 "안식과 생명 운동"으로 설명한 것이나, 날마다 가정 예배를 통해 가정의 영성을 향상시키는 방법 등을 저자의 경험을 토대로 설명한 것입니다.

일선에서 사역하는 목회자들에게는 목회 현장에서 부딪치는 예배 문제에 대한 유익한 경험담이 되리라 생각합니다. 성도들에게는 예배의 제반문제를 이해하고 유익한 예배를 드리도록 안내하는 책이 될 것입니다. 즐거운 마음으로 일독을 권합니다.

이정희 교수

침신대 전 총장, 현 명예교수

무한 경쟁 사회에서 치열하게 경쟁하며 살아가는 현대인에게 신앙생활은 자칫 익숙함과 기대 없음의 연속일 때가 많습니다. 신앙생활의 핵심이라고 할 수 있는 예배 역시 가치와 의미를 잃어버리고 형식적으로 변하기 쉽습니다. 오늘날 한국 교회에서 가장 시급하게 회복되어야 할 부분이 무엇이냐고 누군가가 물을 때마다 주저 없이 예배 영역, 그리고 예배 중심인 설교라고 대답해 왔습니다. 이런 시점에 귀한 책이 출간되고, 이 책을 추천하는 글을 쓰게 된 것을 무척 기쁘게 생각합니다.

목회자로서 저자는 갓 교회에 나온 사람들과 기존 성도를 도우려는 목회적인 목적으로 이 책을 저술하였습니다. 그래서인지 이 책에 담긴 글은 무척이나 실제적이고 호소력 있습니다. 하나님을 세상에서 가장 가치 있는 분으로 인정하고 높여드리는 것이 예배입니다. 교회는 다른 무엇보다도 바른 예배를 결코 잃어버려서는 안 됩니다. 이 책은 자기희생과 윤리적인 삶이 없는 예배를 질타합니다. 또한 예배는 무엇보다 자기를 희생하며 남을 돕는 사랑의 정신으로 드려야 하며, 생활로 예배해야 한다고 강조합니다. 그러면서도 바른 예배를 드리기 위해 토요일 저녁에 일찍 자기, 헌금은 미리 준비해서 드리기, 예배 시간에 일찍 와서 설교 본문 숙지하며 기도하기, 휴대폰 끄기, 아이들을 잘 돌봐 예배 방해하지 않기 등 준비된 예배를 드리기 위한 구체적인 제안도 잊지 않습니다.

지금은 예배가 가져야 하는 진지함과 진정함이 점차 사라지고 오락이나 예능프로처럼 사람을 즐겁게 하며 죄 고백이 없는 가벼운 예배에 익숙해지기 쉬운 시대입니다. 무한히 급변하는 세상에 조금이라도 뒤지지 않으려고 시간과 속도의 노예가 되어, 멈추고 쉴 줄 모르는 시대입니다. 이런 시대에 이 작은 책이 성도로 하여금 예배가 주는 참된 안식과 생명력을 회복하고 참된 예배자로서 날마다 사랑으로 섬기며 살게 하는 데 귀한 도구로 유익하게 사용되기를 기대합니다.

화종부 목사

남서울교회 담임목사

여러 곳에서 접해 본 김기현 목사님의 생각과 글은 언제나 배움의 기회를 선사합니다. 더욱이 신학적 해석에 머무르지 않고 보통 사람의 마음(인지상정)을 읽어내는 그 분의 통찰력에서 그 생각과 글의 진정한 동기를 느낄 수 있습니다. 이 책 역시 그랬습니다.

예배에 대한 김 목사님의 짧지만 인상적인 열여섯 가지 글은 "오늘" "한국 교회"에 꼭 필요한 부분이 정돈되어 있는 것 같아 반갑고, 이런 글이 한국 교회에 소개된다고 생각하니 안심이 됩니다. 저도 이곳저곳에서 예배를 주제로 강의하고 글도 썼지만, 아무래도 이른바 "이래서는 안 됩니다" 식의 내용이 많았습니다. 그렇지만 이 책은 무엇보다 먼저 예배의 본질을 직면하면서 예배의 참뜻을 밝히는 노력이 깃들어 있습니다. 아울러 사변적 해설에만 머무르지 않고 목회적인 적용으로 나아가고 있습니다. 현장을 아시는 분의 글임이 잘 느껴지면서 동감할 수 있었습니다.

무엇보다 자신의 주장을 펼치기보다는, 예배에 대해 널리 그리고 익히 알려진 저서와 논문을 언급하면서 깊이 있는 일관성과 연관성을 제공하고 있기에 구슬만 서 말 같던 예배에 대한 여러 논의를 잘 꿰어놓은 아름다움이 있습니다. 동시에 토론과 고민을 거쳐 성도들의 질문에 친절하게 대답하는 배려도 빼놓지 않았습니다. 그러기에 공적 예배를 인도하는 사람이나 동참하는 사람 모두 필독해야 할 글입니다. 특히 이 책 4장 "예배는 싸움입니다"와 12장 "무엇을 예배하는가"를 주목하길 부탁드립니다. 우리 예배가 종종 흐트러진 모습을 띠는 근본적인 원인을 논하고 있기 때문입니다. 다른 책에서는 잘 다루지 않는 문제를 직면할 수 있습니다.

예배 모습은 수천 년의 역사 속에서 변천되어 왔습니다. 그렇게 변천되어온 이유는 그저 우리에게 맞는 예배의 옷을 지어입기 위해서가 아닙니다. 어떻게 하면 더 하나님께 집중하며 예배의 본의를 실현할지 노력한 신앙 선배들의 씨름입니다. 즉, 본질을 지켜내려는 몸부림인 것입니다. 혹시라도 자기 입맛에 맞는 예배를 찾아다니다가 라면 스프 같은 형식적 예배에 길들여진 이 세대 예배자가 있다면, 부디 이 한 권의 책을 읽으면서 어머니가 막 지으신 따뜻한 밥 같은 본질적인 예배를 맛보는 귀한 기회가 되기를 기도합니다.

황병구
찬양집 많은물소리 편집인
월간 복음과상황 편집위원장

차례

서문

1부 예배의 의미

1장 예배란 무엇인가 _22

2장 예배는 희생입니다 _32

3장 예배는 안식입니다 _41

4장 예배는 싸움입니다 _53

5장 예배는 만남입니다 _62

6장 이렇게 예배하라 _76

7장 소중한 것을 먼저 하는 예배 _84

8장 예배의 종류 _개인 예배 _93

9장 예배의 종류 _공동 예배 _103

10장 예배의 종류 _생활 예배 _111

11장 예배의 종류 _가정 예배 _120

12장 무엇을 예배하는가 _하나님 vs. 맘몬 _130

13장 예배냐 공부냐 _143

14장 예배 찬양에서 주의할 점 _150

15장 열린 예배에 빠진 몇 가지 _159

16장 교회력 예배 _예배의 다양성과 자유를 위하여 _169

주 _177

서문

이 책은 제가 섬기는 교회의 예배와 성도를 돕기 위해 매주 주보에 연재한 글을 묶은 것입니다. 이런 글을 연재한 이유는 먼저 막 교회에 나오기 시작한 분들에게 예배를 소개하고 찬찬히 설명해야겠다고 느꼈기 때문입니다. 왜 예배해야 하는지, 어떻게 예배해야 하는지를 처음부터 차례대로 일러주는 것이 그들을 예배하는 자로 세우는 길이라 믿었기 때문입니다.

둘째는 예배하긴 하지만 타성에 젖어 예배의 가치를 알지 못한 채 습관적으로 예배할 가능성이 있는 성도를 돕기 위해서입니다. 갓 교회에 나와 예배하는 이들이 교회라는 낯선 환경에서 예배라는 특이한 경험을 하면서 어리둥절해한다면, 기존 그리스도인들에게 예배란 오래 입은 옷처럼 편하고 친숙하지만 새로움이나 긴장감이 없어서 그저 그렇고 식상한 종교적 제의 행위가 될 수 있습니다.

무엇보다 주일마다 예배를 인도하는 사람으로서 제가 하는 일을 성찰하고 싶었습니다. 예배하고, 예배를 인도하면서도, 예배를 알지 못한다는 사실이 우스꽝스러웠습니다. 다른 어떤 사람이 아닌 바로 나 자신이 하나님 앞에 예배하는 자가 되고 싶었던 것입니다. 그랬기 때문에 강대상 위에 서서 권위 있는 설교 형식으로 예배에 대해 선포하기보다는 예배당 의자에 나란히 앉아 친근하게 대화를 나누듯 차근차근 설명하려고 했습니다.

특정한 교회 공동체 구성원을 염두에 두고 쓴 글인지라 예배에 관한 모든 것을 담지는 못했습니다. 그러자면 두꺼운 책 한 권은 될 것입니다. 그것은 제 역량을 넘어서는 일인데다 예배의 기초를 배우고 기본기를 다지고자 하는 이 책의 목적을 벗어나는 일이기에 더는 욕심 부리지 않았습니다. 그 한계 안에서나마 잘 사용되기를 바랄 따름입니다.

다른 교회 상황에 유용할지, 일반적으로 적용될 수 있을지도 자못 염려스럽습니다. 자신과 자신이 속한 공동체 상황에 부합하지 않는 대목이 군데군데 보일 것입니다. 그러나 사도 바울도 늘 특정한 상황에 놓인 특정 수신자에게 편지를 보냈습니다. 그들에게 적절하였기에 지금 우리에게도 적용할 수 있는 것입니다. 마찬가지로 우리 교회 상황이 보편적이지는 않지만, 다른 교회가 겪는 상황과 그리 다르지 않기에 크게 벗어나는 이야기는 없을 듯합니다.

교회마다 처한 상황은 달라도 예배의 본질은 동일합니다. 바로 가치입니다. 예배란 최고 가치인 하나님을 섬기기 위해 자신을 희생하는, 참으로 가치 있는 일이자 시간입니다. 같은 말을 되풀이하는 것일 수도 있지만, "가치"라는 키워드로 예배를 읽으면서 예배가 얼마나 가치 있는 일인지를 새삼 느꼈습니다. 예배 핵심인 가치에 초점을 맞추어 이 책을 읽고 예배한다면, 예배와 관련해서 발생하는 다양한 문제를 창조적으로 해석하고 해결할 수 있을 뿐 아니라 예배를 예배답게 드릴 수 있을 것입니다.

이 책은 「만찬」, 「제사」와 함께 이뤄진 예배 연작 첫 번째입니다. "예배"는 통상적으로 주일마다 드리는 것이고, "만찬"은 적어도 한 달에 한 번 정도 드려야 할 예배며, "제사"는 일 년에 서너

차례 맞닥뜨리는 세상 속 예배, 불신 가족과 드려야 할 예배의 일종입니다.

「예배, 인생 최고의 가치」가 가치와 의미를 잃어버린 예배 정신을 회복하자는 뜻에서 쓴 책이라면, 「만찬」은 주의 만찬 예배에 담긴 의미를 살핀 책입니다. 십자가의 그리스도를 기억하라는 뜻에서 제정하신 만찬을 통해 우리에게 음식이 되신 주님을 기억하는 것은 나 또한 다른 이들에게 먹잇감이 되어야 한다는 뜻입니다. 「제사」는 조상 제사 문제를 두고 기독교가 기독교 안팎 세계와 격렬히 다투는 핵심 쟁점을 다룬 책입니다. 제사는 많은 그리스도인이 의문을 표하고, 많은 여성이 시달리는 현실적 문제입니다. 성서가 말하는 기억과 기념이라는 키워드로 제사를 읽어낸다면, 기독교적 가치를 충분히 구현하면서도 갈등을 상당히 누그러뜨릴 수 있을 것입니다.

목사이자 작가인 저는 모든 글과 책을 우리 교회와 성도, 나 자신을 염두에 두고 쓰지만, 이 책은 특별히 더 그러합니다. 이 글을 쓰도록 동기를 부여하고, 함께 읽고 대화를 나눈 사랑하는 수정로침례교회 성도에게 깊이 감사드립니다. 성도들이 보인 반응은 다음 글을 쓰는 단초가 되기도 하고, 새로운 아이디어가 되기도 했습니다. 본래 의도대로 예배의 가치를 아는 가치 있는 성도가 되기를 기도합니다. 이 원고를 꼼꼼히 읽고 격려와 비판을 아끼지 않은 진순배 형제, 강주희 자매, 박진주 자매에게 고마움을 전합니다. 나눔과 토론을 위한 질문을 만드는 데 지혜를 제공하고 도와준 정지영 형제, 신광은 목사, 전남식 목사, 박삼종 전도사에게도 감사드립니다. 그리고 아내 이선숙, 아들 희림이와 딸 서은이에게 감사합니다.

출간을 결정해 준 죠이선교회에도 감사합니다. 그간 예배의 가치를 알고 예배에 관한 좋은 책을 많이 출간한 권위 있는 곳에서 책을 내게 되어 기쁠 따름입니다. 가치라는 개념으로 나름 일관되게 글을 썼지만, 정돈되지 않은 거친 글을 능숙하게 정련해 주었습니다. 그저 열여섯 개의 짧은 글 모음집이 될 뻔한 원고를

3부로 구성하고 배열하여 일목요연하게 정리하고 체계를 부여해 주었습니다.

    부디 이 작은 책이 진정으로 예배하고자 하는 이들에게 자그마한 보탬이 되기를 기도합니다.

김기현 목사

1부 예배의 의미

1장 예배란 무엇인가

사람들은 저마다 서로 다른 가치관을 따라 살아갑니다. 돈이 중요하다고 생각하는 사람은 돈을 버는 일이라면 만사를 제쳐두고서라도 달려갑니다. 술을 좋아하는 사람은 술자리와 술잔을 결코 마다하지 않습니다. 사랑이 인생에서 가장 중요하다고 여기는 이들은 사랑을 위해서라면 물불을 가리지 않습니다. 스포츠를 좋아하는 사람은 하루 종일 그 이야기만 하고 삽니다. 돈과 시간을 아낌없이 투자합니다. 옆 사람 시선은 아랑곳하지 않습니다. 그것이 자신에게 가장 가치 있다고 생각하기 때문입니다.

그리스도인에게 가장 가치 있는 일이란 무엇일까요? 예배입니다. 이미 질문에 답이 들어 있습니다. 예배가 가치이기 때문입니다. 예배를 뜻하는 영어 "worship"은 "worth"(가치 있다)와 "ship"(것)이라는 두 단어의 합성어입니다. 예배란 가치 있는 것을 담은 배, 즉 가치에 합당하고 상응하는 형식과 구조입니다. "가치를 인정하다" 또는 "가치를 돌려드리다"라는 뜻으로, 말 그대로 예배의 문자적 정의는 "가장 가치 있는 것"입니다. 예수의 제자에게 그 무엇보다 의미 있는 최상의 것은 바로 예배입니다.

신구약성서에서 예배를 뜻하는 단어를 보면 더 분명하게 알 수 있습니다. "하나님을 경배하다"라는 뜻을 지닌 히브리어 "야레"(yare)나 헬라어 "세보마이"(sebomai)는 경외와 존경을 말합니다. 예배는 일차적으로 이 세상에서 가장 가치 있는 것에 존경을 표하는 행위입니다. 거룩하신 분, 모든 것을 창조하신 분, 우리를 위해 십자가에서 기꺼이 죽으신 분, 이 세상에서 가장 가치 있는 존재인 그분께 경의를 표하는 것이 예배입니다. "우리 주 하나님이여 영광과 존귀와 권능을 받으시는 것이 합당하오니 주께서 만물을 지으신지라. 만물이 주의 뜻대로 있었고 또 지으심을 받았나이다"(계 4:11). 하여 우리는 그분의 가치에 합당한 경의를 표해야 마땅합니다.

이것이 예배하는 우리의 마음가짐입니다. 하나님은 이러한 마음 없이 드리는 예배를 싫어하십니다. 이사야 선지자의 말입니다. "주님께서 말씀하신다. 이 백성이 입으로는 나를 가까이하고 입술로는 나를 영화롭게 하지만, 그 마음으로는 나를 멀리하고 있다. 그들이 나를 경외한다는 말은 다만 들은 말을 흉내 내는 것일 뿐이다"(사 29:13, 새번역. 마태복음 15장 8절을 참고하라). 겉으로는 예배드리는 척하지만 속으로 잡다한 일에 골몰하는 모습은 전혀 예배가 아닐 뿐더러 하나님이 심히 거부하시는 못된 행동입니다. 몸은 예배당에 와 있지만 마음은 예배당 밖에 있는 것은 하나님이 지니신 가치에 전혀 어울리지 않습니다. 공히 몸과 마음을 다해 예배해야 합니다.

두 번째 단어, "몸을 굽혀 엎드리다", "절하다"라는 뜻을 지닌 "샤하"(shachah)나 "프로스퀴네오"(proskuneo)는 굴복을 말합니다. 예배는 가장 존귀한 분의 가치에 합당하게 엎드려 절하는 것입니다. "우리가 경배를 표현하고자 할 때, 겉으로 드러나 보이는 우리의 행동은 우리 내면에서 일어나고 있는 일을 그대로 반영하는 열쇠"입니다. 경배에 합당한 표현 양식은 다양합니다. 야곱은 서원했고, 여호수아는 기념비를 세웠으며, 다윗은 춤을 추었고,

엘리야는 제단을 쌓았습니다.

가장 대표적인 것은 엎드림입니다. 아기 예수님을 만난 동방박사들(마 2:11), 물 위를 저벅저벅 걸어오시는 예수님을 보고 놀란 제자들(마 14:33), 병 낫기를 구하는 병자(마 8:2), 귀신들린 딸을 치유해 달라고 간청하는 가나안 여인(마 15:25), 산 위에서 영광스러운 모습으로 변모하신 주님을 보고 놀란 제자들(마 17:6), 부활하신 예수님을 본 여인들과 제자들은(마 28:9, 17) 한결같이 엎드려 절합니다. 아브라함도(창 17:1-3), 모세와 아론도(민 20:6), 다니엘도(단 10:15), 에스겔도(겔 1:28), 모든 피조물도(계 7:11) 엎드리는 것으로 경배를 표현합니다.

이렇듯 예배는 하나님의 가치에 합당한 외적 자세로 표현됩니다. 우리가 드리는 예배에도 이러한 자세가 필요합니다. 오늘날 우리는 의자에 앉아서 예배를 드리기 때문에 엎드려 절하기는 어렵습니다. 다만, 몇 가지 주의하고 삼가야 할 것이 있습니다. "습관적인 지각, 준비 없이 드리는 헌금, 예배보다 예배 후 시간을 고려한 옷차림, 예배가 끝나자마자 황급히 교회당을 빠져나가는 행동 등은 모두 준비되지 못한 예배를 단적으로 보여줍니다." 이런 모습은 무성의할 뿐 아니라 하나님께 드리는 예배에도 걸맞지 않습니다. 단정한 차림과 자세로 주님을 예배해야 합니다.

세 번째 단어는 "섬기다"라는 뜻을 지닌 "아바드"(abad), "라트류오"(latreuo)입니다. 이 말은 노예나 종이 주인을 섬기는 것을 가리킬 때 사용합니다. 종이 주인을 위해 온갖 일을 도맡아 수고하고 그런 수고가 당연하듯, 우리가 우리를 창조하고 구원하신 하나님을 섬기는 것은 지극히 정상입니다. 그 섬김이 바로 예배입니다. 예배는 하나님을 섬기는 것입니다. 하나님의 은혜에 값하는 감사와 사랑을 충성스러운 봉사로 표현하는 것이 예배입니다.

섬김으로서 예배에는 두 가지 방향이 있습니다. 하나는 하나님을 섬기는 것이고, 다른 하나는 이웃을 섬기는 것입니다. 성서는 말합니다. "그러므로 형제들아 내가 하나님의 모든 자비하심으로 너희를 권하노니 너희 몸을 하나님이 기뻐하시는 거룩한 산 제사로 드리라. 이는 너희의 드릴 영적 예배니라"(롬 12:1, 개역한글). 내 몸으로 하는 모든 것이 예배가 되게 하라는 뜻입니다. 산 제사는 희생입니다. 자신을 제물로 하나님께 드리는 것입니다. 이 구절은 세상과 교회에서 그리스도인의 삶을 교훈하기 위한 말씀이자, 대원칙을 천명한 말씀입니다. 참 예배, 즉 하나님 섬김은 이웃 섬김으로 이어져야 합니다.

특히 우리가 주일예배를 드리면서 한 가지 이상의 봉사를 해야 하는 이유도 바로 그 때문입니다. 주일에 마치 출근부 도장 찍듯이 교회 예배당을 왔다 가기만 하는 성도는 참으로 하나님을 예배했다고 말할 수 없습니다. 자기를 희생해서 남을 도울 때 예배는 완성됩니다. 각자 은사와 기능, 직분에 합당하게 봉사하는 것이 예배입니다. 설교, 찬양, 청소, 음식 준비 그 자체가 예배며, 보람된 일입니다.

릭 워렌 목사는 「목적이 이끄는 삶」에서 우리 인생에는 목적이 있다고 했습니다. 그중 첫째 목적을 이렇게 기술합니다. "우리는 하나님의 기쁨을 위해 계획되었다." 그 내용이 예배입니다. "하나님께 기쁨을 드리는 것을 '예배'라 부른다." 예배는 하나님을 미소 짓게 합니다. 예배는 하나님을 기뻐하는 것이고, 하나님이 기뻐하는 것입니다. 예배할 때 우리 삶에 기쁨이 넘칩니다. 예배가 삶의 중심에 있어야 목적이 있는 삶입니다.

세상에서 가장 소중한 일에 자기 인생을 투자하는 사람은 결코 후회하지 않습니다. 행복합니다. 기쁨이 넘칩니다. 밭에서 일하던 한 사람이 무언가를 발견합니다. 열어보니 진귀하고 아름다운 보석이 가득합니다. 그는 얼른 집으로 돌아가서 모든 재산을 정리합니다. 가난한 그는 주위 사람에게 돈을 꾸면서까지 밭을 살 돈을 마련합니다. 가족은 뚱딴지같은 그의 행동을 만류합니다. 이웃과 친구들은 손가락질합니다. 그 당시에는 밭을 산 사람이 밭에 있는 모든 것을 갖는 것이 합법이었습니다. 마침내 그 밭과 함께 보화를 소유하게 된 이 사람은 매우 기뻐합니다(마 13:44).

우리 시대 하나님의 사람 A. W. 토저는 예배를 상실한 현대 교회를 두고 탄식합니다.

> 하나님을 경배하고 찬양하는 것이 우리 의무인데도 복음주의적 교회에서 예배는 '잃어버린 보석'(The Missing Jewel)이 되고 말았다. 진열관이 있지만, 이 진열관에는 보석이 박혀 있지 않다. 지금 교회는 온갖 장식품으로 화려하게 멋내거면, 정작 빛나야 할 보석인 예배는 실종되었다.

> 오늘 우리에게는 모든 것이 있다. 없는 것은 오직 예배뿐이다.

교회가 잃어버려서는 안 되는 것, 그것이 없으면 교회가 될 수 없는 것이 있습니다. 바로 예배입니다. 하나님을 예배하는 것은 인생의 목적입니다. 모든 것에는 존재하는 목적이 있습니다. 사람은 하나님의 기쁨을 위해서, 다른 말로 하자면 하나님을 예배하기 위해 존재합니다. 돈이나 외모가 아닌 하나님을 기뻐하는 것이 예배입니다. 토저는 보석 같은 예배를 상실한 교회 때문에 몹시 마음 아파하며 웁니다. 인생 최고의 가치인 예배를 잃어버린 교회와 성도 때문에 말입니다.

예배는 다른 어떤 것을 희생해서라도 드릴 가치가 있는 일입니다. 에콰도르 아우카 인디언에게 선교하다가 그들 손에 순교한 짐 엘리엇은 말합니다. "영원한 것을 얻고자 영원할 수 없는 것을 버리는 자는 바보가 아니다." 예배하는 사람만이 가치 있는 인생을 살았다고 회고할 것입니다. 예수의 가치를, 예배의 중요성을 간파한 사도 바울은 세상 모든 것을 배설물로 여겼습니다.

그래서 우리도 예배하면서 이렇게 노래합니다.

주 예수보다 더 귀한 것은 없네.
이 세상 부귀와 바꿀 수 없네.
영 죽을 내 대신 돌아가신 그 놀라운 사랑 잊지 못해.
세상 즐거움 다 버리고 세상 사랑 다 버렸네.

주 예수보다 더 귀한 것은 없네. 예수 밖에는 없네.

가장 가치 있는 것을 노래하고 즐거워하는 것이 예배입니다.
예수를 예배하는 것이 목적이 이끄는 인생입니다.

나눔

1. 지금껏 무수한 예배를 드렸습니다. 이 글에서 예배를 정의한 단어 가운데 가장 마음에 와 닿는 것을 자신의 말로 설명해 보십시오.

2. 예배(worship)를 "가치(worthy)를 인정하는 것(ship)"이라고 정의했습니다. 이러한 관점에서 볼 때, 현대인이 자신의 삶에서 드리는 예배, 곧 최고 가치로 삼는 것은 무엇입니까?

3. 예배란 "경외와 존경", "몸을 굽혀 엎드림", "섬김"을 뜻합니다. 당신이 가장 존경하고 몸을 굽혀 엎드리며 가장 극진히 섬기고 있는 것은 무엇입니까?

4. 예배가 "엎드림"이라고 할 때, 내가(또는 우리가) 엎드림으로써 예배할 수 있는 구체적인 방법은 무엇이 있는지 서로 이야기해 봅시다.

2장 예배는 희생입니다

하나님 은혜에 합당한 인간의 반응은 무엇보다도 예배입니다. 에베소서는 성령 충만한 첫째 표징이 시와 찬미와 즐거운 노래로 하나님을 예배하는 것이라고 말합니다(엡 5:18-19). 그리고 이어서 가정과 사회적 삶에 대한 교훈이 등장합니다. 예배는 가정이나 사회적 삶에 우선합니다. 로마서는 하나님의 자비하심에 합당한 예배를 드리라고 말합니다(롬 12:1-2). 하나님은 우리 속의 악을 악으로, 죄를 벌로 갚지 않으시고 자비를 베푸셔서 용서하는 은총을 베푸셨습니다. 바울은 예배야말로 하나님의 구원 사건에 값하는 인간의 반응이라고 역설합니다.

예배에는 하나님의 가치를 인정하는 행위의 측면과 함께 하나님께 반하는 가치를 부정하고 격하하는 측면도 있습니다. 이를 잘 보여주는 것이 구약의 희생제사(sacrifice)입니다. 희생제사란 양, 소, 비둘기와 같은 제물을 죽여 제단에 피를 뿌리거나 고기와 기름기를 태우는 일련의 과정을 말합니다. 여기에는 제물을 바치는 자와 제물, 제물을 받는 하나님이 포함됩니다.

예배가 희생제사라는 사실은 오늘날 우리 예배에 어떤 의미일까요? 우리 시각으로 보자면, 이 제사는 참으로 잔혹합니다. "희생될 동물을 산 채로 결박하여 도살하고, 대동맥을 찔러 피를 받아 뿌리며, 통째로 살을 태우기도 한다. 또는 때려서 생존할 수 없는 곳으로 멀리 쫓아버리기도 하고, 몸의 일부만 절단하는 등 다양한 방법이 있다." 그 방법이 무엇이든 간에 끔찍한 모습임이 틀림없습니다.

이것은 인간의 죄가 그만큼 크고 강력하며, 그런 인간의 죄를 하나님이 용서하셨음을 상징합니다. 의로우신 하나님 앞에서 인간의 죄는 결코 가볍지 않습니다. 그리고 가련한 인간의 영혼 앞에 하나님의 의는 그만큼 무거울 수밖에 없습니다. 창세기는 인간의 타락이 낳은 결과가 온 피조물에게 영향을 끼치는 모습을 보여줍니다. 노아 홍수도 마찬가지입니다. 인간의 죄악이 온 지면에 범람하면 자연히 지상에 있는 모든 피조물도 고통 받게 마련입니다.

무릇 제물은 해결하려는 죄의 경중에 상당한 것이어야 합니다. 그렇다면 인간의 죄에 상응하는 제물이 과연 세상에 있을까요? 인간의 최고, 최대 선(善)도 하나님의 기준에 이르지 못하거늘, 인간이 하나님께 무엇을 드려야 죄 사함을 받을 수 있을까요? 용서받을 수 없는데도 희생제물을 통해 용서받는다는 것은 하나님의 자비를 나타냅니다. 희생제사는 잔인한 도살을 통해 아주 심각한 인간의 죄와 그 죄에 견줄 수 없으리만치 풍성한 하나님의 은총을 증명합니다.

그래서 희생제사에 드리는 제물은 그 사회에서 가장 가치 있는 것이라야 합니다. 하나님의 값어치와 자신의 죄에 상응하는 제물이어야 하기 때문입니다. 지금도 그렇지만 고대에 소나 양, 말과 같은 동물은 값진 것이었습니다. 동물을 제물로 바치는 자와 동물은 동일시됩니다. 그것을 죽이거나 파괴하는 방법을 통해 제물을 바치는 자의 소유권은 자동으로 포기됩니다. 다시 말해 희생제물의 가치를 소멸하는 것입니다.

예배란 형태나 순서와 상관없이 하나님을 가장 가치 있는 존재로 인정하는 것입니다. 그리고 내가 그토록 놓치기 싫어서 안달복달하는 것이 결국 허망하게 소멸한다는 사실을 깨닫는 것입니다. 예배를 통해 우리는 하나님의 값에 훨씬 이르지 못하는 예물로라도 그분을 향한 존중을 공적으로 표현합니다. 하나님은 그분의 자비로 우리 모든 죄를 용서해 주시는 분임을 알기 때문에 우리는 죄 값에 훨씬 미치지 못하는 제물이라도 기꺼이 드립니다.

앞서 희생제물의 가치를 소멸하는 것이 희생제사라고 했습니다. 여기에서 작동하는 메커니즘은 "대리희생"입니다. 제물은 제물을 드리는 자와 동일하다고 했습니다. 동시에 그를 대신해야 합니다. 하나님께 징벌당할 주체는 다름 아닌 나입니다. 그러나 제물이 내가 받을 벌을 대신 받아 죽습니다. 제물에 손을 얹는 행위나, 이삭 대신 숫양을 제물로 바친 행위는 대체의 메커니즘을 잘 보여주는 단적인 예입니다.

희생제사를 폭력과 관련하여 설명한 류성민 교수에 따르면, 이 제사는 사회·윤리적으로 두 가지 의미가 있습니다. 제의를 통해 사회구성원의 폭력을 수용하는 동시에 타인에게 가할 수 있는 폭력적 충동을 해소하는 것입니다. 희생제사의 본질은 자기희생과 부정이라는 점을 기억하십시오. 제물을 가혹한 방법으로 죽이는 행위나, 가장 값진 것으로 드리는 제물의 가치나, 희생제사의 정신 모두 자기희생 정신이 바닥에 깔려 있습니다.

구약 선지자들이 희생제사 무용론을 외치는 이유가 바로 그 때문입니다. 간단히 말해 자기희생이 없는 희생제사는 거짓이요 기만입니다. 하나님이 달가워하시지 않습니다. 오히려 역겨워하십니다. "나는 너희가 벌이는 절기 행사들이 싫다. 역겹다. 너희가 성회로 모여도 도무지 기쁘지 않다"(암 5:21, 새번역). "스바에서 들여오는 향과 먼 땅에서 가져오는 향료가 나에게 무슨 소용이 있느냐? 너희가 바치는 온갖 번제물도 싫고, 온갖 희생제물도 마음에 들지 않는다"(렘 6:20, 새번역).

그래서 선지자들은 희생제사를 넘어 윤리를 강조합니다. 그들은 윤리와 삶을 분리하지 않습니다. 윤리 없는 예배를 크게 꾸짖습니다. 자기를 희생하기는커녕 도리어 가난한 자나 사회적 약자를 짓밟고, 그러면서도 당당하게 희생제사를 드리며 죄 사함과 하늘의 복을 바라는 것은 본래 의미와 거리가 한참 먼 것이며, 본질을 무참히 짓밟는 짓입니다. 종교적 제의가 아닌 공의(암 5:24)와 사랑(호 2:19)을 아모스와 호세아가 각각 참 예배라고 하는 것도 이런 까닭입니다.

미가는 수천 마리 양, 수만 개의 강을 채우고도 남을 올리브기름, 심지어 자기 맏아들이나 자기 몸조차도 우리가 예배할 때 가져가야 할 것, 하나님이 예배에서 찾으시는 것이 아니라고 말합니다. 하나님은 공의와 사랑, 겸손을 구하십니다. 그것이 하나님과 함께 행하는 삶입니다(미 6:6-8). 그 많은 제물과 예물도 하나님이 기뻐 받으시는 예배의 핵심은 아닙니다. 예배에 없어서는 안 되지만, 그것이 예배를 예배 되게 하지는 않습니다.

선지자들의 노력으로 동물을 잡아 바치던 "대리희생"의 제의가 예배하는 자의 윤리적 삶을 드리는 "자기희생"의 예배로 전환하였습니다. 이사야 53장에 있는 고난당하는 종의 노래에서는 번제물이 동물에서 사람으로 바뀌고, 동물의 희생이 아니라 사람의 고난이 인간을 구원한다고 합니다. "동물"의 대리희생에서 "사람"의 자기희생이 세상을 구원합니다. 이렇게 된 것은 바벨론 땅에서 더 이상 동물 제사를 드릴 수 없는 환경 탓도 있지만, 예배 정신을 기억한다면 본질이 강화되었다고 보는 것이 옳습니다.

누구보다도 예수님은 예배와 제물보다 도덕과 윤리를 강조합니다. 율법과 선지자가 가르치는 핵심은 하나님 사랑과 이웃 사랑입니다. 마가복음에서 율법학자는 예수님이 듣고 싶어하시던 말을 꺼냅니다. "또 마음을 다하고 지혜를 다하고 힘을 다하여 하나님을 사랑하는 것과, 이웃을 자기 몸같이 사랑하는 것이 모든 번제와 희생제보다 더 낫습니다"(막 12:33, 새번역). 아무리 많은 예배를 드리고 헌금을 많이 해도 사랑이 없다면 뜻 없는 꽹과리 소리일 뿐입니다.

사실 이러한 외침은 구약 역사 후대에 나타난 것이 아닙니다. 전체적으로 무게와 중심이 예배에서 윤리로 이동한 것은 사실이지만, 처음부터 예배는 윤리적이었습니다. 이 사실은 가인과 아벨의 제사를 보면 알 수 있습니다. 하나님이 가인의 제물을 거절하신 이유는 선을 행하지 않았기 때문입니다. "네가 올바른 일을 하였다면, 어찌하여 얼굴을 펴지 못하느냐?"(창 4:7) 이 말씀은 예배가 올바르지 않았다는 뜻이요, 평상시 가인의 생활이 옳지 못했다는 뜻입니다. 선지자들이 이스라엘의 제사를 거절한 이유와 같습니다.

예수님은 타인이나 타자를 희생시키지 않고 자신을 제물로 내놓았습니다. 1990년 현대문학상 수상작인 현길언의 단편소설 「사제와 제물」을 보면 예수님은 사제이자 제물이셨습니다. 우리를 위해 제사하는 사제이자, 우리 대신 희생당한 제물입니다. 그분은 인간의 희생과 "제물만을 요구하는 사제가 아닌 자기 자신도 제물로 바칠 수 있는 참 사제의 길"을 걸으셨습니다.

바울도 자신을 이방인을 위한 사제이자 제물이라고 설명합니다(롬 15:16). 자신을 제물로 드리는 삶, 그것이 영적 예배입니다(롬 12:1). 예배는 자기희생적인 사랑의 윤리입니다. 예배하는 동안 얼마나 자신을 희생하며 하나님과 이웃을 섬겼느냐가 참 예배를 판가름하는 잣대입니다.

나눔

1. 하나님이 예배에서 희생을 요구하는 이유를 구약의 희생 제사를 통해 설명해 보십시오. 잔인해 보이는 희생 제사가 어떻게 은총이 될 수 있을까요?

2. 남을 희생시키는 "대리희생"에서 나를 희생시키는 "자기희생"으로 전환한 결정적 요인은 무엇입니까?

3. 가인과 아벨의 제사는 어떻게 다릅니까? 창세기 본문을 잘 살핀 후 대답해 보십시오.

4. 어린양 예수님의 희생적 예배를 드리기 위해 내 안에 희생해야 할 세상적 가치는 무엇이고, 나 바깥의 성도와 이웃을 위해 희생해야 할 섬김과 나눔은 무엇입니까?

3장 예배는 안식입니다

현대인은 늘 피곤해합니다. 죽도록 일하고는 죽어버립니다. 아이들은 학교와 학원을 오가느라 지쳐 있습니다. 청년들은 영어와 컴퓨터, 전공, 외모에 이르기까지 이력서를 빽빽하게 채우고도 부족하다고 느낍니다. 직장인은 쉴 틈 없이 돌아가는 조직의 일부가 되어 파김치가 되는 것도 모자라 투잡을 하는 사람이 많습니다. 젊은 부부들은 맞벌이하느라, 자녀 양육하느라 정신이 없습니다. 중년층은 가정에서는 자녀 교육과 부부 관계, 직장에서는 후배와의 경쟁으로 고단하기 그지없습니다. 노년층도 다르지 않습니다. 나이 들고 홀로 사는 법을 배우지 못해 고독에 힘겨워합니다.

제자의 삶이라고 예외는 아닙니다. 그런데 제자에게 피곤을 더하는 것이 하나 있습니다. 주일예배입니다. 반드시 그런 것은 아니지만, 듣자하니 그리스도인 가운데 주일을 버거워하는 사람이 많습니다. 남들은 주일 하루 푹 자거나 등산과 같은 야외활동을 하거나 밀린 일을 처리하면서 재충전하는 시간으로 활용합니다. 그러나 그리스도인은 한 주의 대여섯 날 동안 직장에서 시달리고 집안일에 바빴는데 주일 하루 교회에 와서도 바쁘고 피곤하기는 마찬가지입니다. 그러니 엎친 데 덮친 격이 아니고 무엇입니까?

예배는 물론이고 회의도 많고 훈련과 교육도 받아야 합니다. 사람은 많은 듯한데, 몇몇 제자가 여러 일을 도맡아 합니다. 일손은 늘 달립니다. 주중 예배를 제쳐놓더라도 열심 있는 그리스도인은 주일 하루만도 족히 두세 번 넘게 예배를 드립니다. 봉사하는 기관의 예배와 주일 오전 예배, 오후나 저녁 예배입니다. 중간에 교우들을 만나 인사하고 교제하는 것, 식사하는 것을 빼면 온종일 쉴 틈도 없이 바쁘게 움직여야 합니다. 일찌감치 와서 밤늦게 돌아가기 일쑤입니다. 예배와 봉사 등으로 가족 얼굴 보기도 힘들고, 자녀 건사하기도 어려울 지경입니다.

그런 날이면 집으로 가는 길에 괜스레 회의가 듭니다. 예배드리며 받은 은혜도 풍성하고, 봉사하며 느끼는 뿌듯함이 없지 않지만, 여러 정황상 하지 않으면 안 될 일인데도 벙어리 냉가슴 앓듯 힘들다, 지친다, 말 한마디 못하고 그럭저럭 지나갑니다. 그러다가 실제로 지쳐서 다른 교회로 옮기는 사람도 참 많습니다. 대부분 큰 교회로 옮겨갑니다. 숨을 곳도, 쉴 곳도 많은 안락하고 쾌적한 교회에 나가 작은 교회에서 경험하지 못한 즐거움을 만끽합니다. 물론 큰 교회도 일손이 모자라 쩔쩔매기는 마찬가지입니다. 내가 편할 수 있는 이유는 누군가가 수고하기 때문입니다.

어찌되었든 그런 우리에게 안식일에 대한 가르침은 혼란 그 자체입니다. 더욱이 다음과 같은 말을 들으면 소스라칩니다.

안식일이란 무엇인가? 한 주일 가운데 쉬며 예배를 경험하는 날이다. 일을 멈추고 우리를 돌보시는 하나님 안에서 삶을 누리는 날이다. 생업을 감당할 일손을 멈추고, 명상, 예배, 단자리 예, 결속, 감사를 촉진하는 활동에 참여하는 날이다. 안식일의 목적은 우리 삶 가운데 있는 산만함을 제거하여, 하나님 안에서 쉼을 누리고 하나님의 은혜를 새롭게 경험하는 것이다.

위 정의에 비추어보자면, 현재 우리가 경험하는 주일과 주일예배 현실은 참담합니다. 전쟁 같은 주일이요 예배일 때가 적지 않습니다. 그렇다고 교회 사정을 빤히 아는데 대책 없이 쉴 수도 없는 노릇입니다. 마르바 던이 「안식」(IVP 펴냄)에서 말했듯이, 주일에 드리는 예배가 일을 그치고 전인적인 쉼을 얻으며 내 리듬이 아니라 하나님 리듬을 받아들이고 신나는 축제와 향연을 즐기는 시간이 될 수 있을까요? 그냥 이대로 아무 대안 없이 주일과 예배를 힘들게 보낼 수도 없고, 교회를 옮기는 것만이 능사가 아닌 상황에서 어떻게 해야 할까요? 예배인도를 비롯해서 봉사, 회의, 찬양, 교육, 차량 관리, 식사 준비 등 그 자체는 선하지만 그것이 하나님을 경배하는 데는 도리어 장애물이 되는 상황에서 우리는 어떻게 마리아처럼 한마음으로 예수님 발치에 앉아 있을 수 있을까요?

첫째, 많은 일을 줄여야 합니다. 1인 1사역을 하는 것입니다. 주일과 예배는 수고하고 무거운 짐을 내려놓는 시간입니다. 마르다처럼 "많은 일로 염려하며 들떠 있[는]"(눅 10:41, 새번역) 때가 아닙니다. 그 대신 아무리 해도 물리지 않고 즐겁게 할 수 있는 섬김이 있다면 예배는 한층 더 깊어질 것입니다. 자신의 은사와 부르심, 교회 공동체의 필요를 따라 한 가지 사역에 전념하는 것은 공동체 전체를 위해서도 무척 유익합니다. 주님은 이렇게 말씀합니다. "그러나 주님의 일은 많지 않거나 하나뿐이다. 마리아는 좋은 몫을 택하였다. 그러니 아무도 그것을 그에게서 빼앗지 못할 것이다"(눅 10:42, 새번역).

그러나 1인 1사역 또한 실행하기가 녹록하지 않습니다. 복합적인 요소와 상황이 얽혀 있는 탓입니다. 우선 현재 상황은 성도 한 사람의 의지보다 교회 지도자인 담임목사의 철학에 좌우될 공산이 큽니다. 그리고 교회에 긴급한 필요가 많은데 한 가지 일만 마음 편히 할 수도 없습니다. 어떤 일에 집중해야 할지 모르는 경우도 있습니다. 마지막으로 나 한 사람은 그렇다 치더라도, 여러 사역을 감당하는 사람이 있으면 아무래도 비교되기도 하고 미안해지기도 합니다. 나는 즐겁게 마음 편히 예배하는데 열심히 일하는 지체를 보면 괜스레 무안해집니다. 더욱이 각 교회가 처한 환경이 달라서 현실을 감안하지 않고 1인 1사역을 운운하는 것은 말만 앞세우는 일이기 쉽습니다.

그럼에도 목회자가 먼저 1인 1사역에 대한 확고한 철학을 견지하고 한 사람이 한 가지 봉사만 하도록 과감하게 방침을 정하고 격려해야 합니다. 교인은 교인대로 어렵지만, 사실 목회자도 목회자 나름으로 고충이 많습니다. 당장 한 사람이 한 가지 일만 한다면, 교회 공동체를 위한 최소한의 일마저 감당하지 못하는 경우가 생길지도 모릅니다. 끝내 몇몇 열심 있는 한두 사람이 그 많은 일을 감당하는 불상사가 되풀이될 것입니다. 그러므로 목회자 처지에서는 무턱대고 은사대로 한 가지만 섬기자고 하기가 쉽지 않습니다. 성도들이 이런 목회자의 심정을 조금 이해하고, 목회자도 주일과 예배가 고역이 되어버린 교인들의 현실을 헤아린다면 참 아름다울 것입니다.

그런데도 목회자로서 1인 1사역을 제안하는 이유를 조심스레 말하자면, 목회자는 교인을 일꾼으로 보아서는 안 되기 때문입니다. 교인이 한 사람 오면 일꾼이 왔다고 좋아합니다. 그러나 그들은 하나님의 자녀이자, 목자가 돌보아야 할 양입니다. 그들이 예배를 통해 주 안에서 예수님을 닮아가는 자녀로 자라가는 모습이야말로 목회자의 보람입니다. 은혜 받으면 알아서 다 하기 마련입니다. 나 역시 조바심내기는 매한가지인 별 수 없는 목사입니다. 그럴 때마다 유혹과 싸웁니다. 이 글도 그런 갈등의 산물입니다.

또한 목회자는 "전(全) 신자 제사장" 원리를 고수해야 합니다.

모든 성도가 사역을 한 가지씩 감당한다면 결코 교회에 일꾼이 모자라지 않을 것입니다. 사실 일하지 않고 뺀질뺀질 노는 교인도 적지 않습니다. 덜렁 예배만 왔다가 내빼는 교인에게 하나님 나라와 교회, 자신의 은사를 위해 수고하도록 권한다면 많은 문제가 해결될 것입니다. 그것이 마땅히 목회자가 할 일이요, 모든 성도가 예외 없이 맡은 본분이기 때문입니다. 옛 속담에 백지장도 맞들면 낫다고 했습니다. 전도서 말씀입니다. "혼자 싸우면 지지만, 둘이 힘을 합하면 적에게 맞설 수 있다. 세 겹 줄은 쉽게 끊어지지 않는다"(4:12, 새번역).

1인 1사역과 함께 예배 본질에 충실하는 것도 한 방법입니다. 예배는 가치입니다. 하나님을 하나님 되게 하는 것이 예배입니다. 그럴 때 우리는 기쁨과 안식을 얻습니다. 자유와 해방을 만끽합니다. 그러면 안식일의 참된 의미는 무엇일까요? 구약은 지친 일상에서 쉼을 누리는 것이 안식이라고 설명합니다. 그러나 그리스도의 가르침에서는 조금 다른 측면을 엿볼 수 있습니다. 안식을 지키는 것은 단지 일을 안 하는 것이 아닙니다.

대표적인 것은 안식일에 병자를 고친 사건에 대한 복음서의 기술입니다. 누가복음에 보면 그런 사건이 세 번 기록되어 있습니다. 예수님은 안식일에 손이 오그라든 사람(6:6-11), 등 굽은 여인(13:10-17), 수종병 앓는 사람(14:1-6)을 고치셨습니다. 이 기사에서 예수님은 처음부터 전통적인 안식일 규정을 어기기로 작심이라도 한 듯 안식일에 병자를 치유하십니다. 이것은 바리새인에게는 도발이고, 예수님에게는 양보할 수 없는 원칙입니다. 예수님이 재판에서 십자가형을 선고받은 이유도 자신이 하나님 아들이라고 주장한 신성모독죄, 성전 청소 사건과 더불어 안식일 규정을 파괴했기 때문입니다.

이 본문에서 바리새인은 이렇게 주장합니다. "안식일에는 일하지 말아야 한다. 하나님이 그렇게 말씀하셨다. 일하는 것은 하나님의 계명을 어기는 짓이다." 이런 주장 이면에는 계명을 문자 그대로 지키려는 그들의 순수한 마음, 포로기 이후 유대인의 민족적 열망, 신앙의 정체성을 보존하려는 차원에서 안식일 준수를 강조한 역사적 맥락이 있다는 사실을 지나쳐서는 안 됩니다. 여전히 식민지 지배 아래 있는 유대 상황에서 안식일을 엄격히 지키는 것은 그 자체로 정치적 저항이요, 신앙적 표현일 것입니다.

그런 이상과 열망을 모르시지 않을 예수님이 굳이 안식일에 병자를 치유하신 까닭은 무엇일까요? 예수님이 보시기에 안식일은 그저 일 안 하고 쉬는 날이 아닙니다. 생명을 살리는 날입니다. 그런 관점에서 예수님은 바리새인의 모순을 지적합니다. 그들도 우물에 빠져 허우적대는 양이 있다면 안식일일지라도 건져낼 것입니다. 심지어 자식이 그런 위험한 상황에 처한다면 물으나마나 물불 안 가리고 건져낼 것입니다(14:6). 그런 것은 안식일 규정에서 능히 허용되었습니다.

예수님은 안식일 예외 규정을 더 일반화합니다. 생명을 살리기 위해 안식일 규정을 어길 수 있다는 논리를 좀 더 극단으로 밀어붙입니다. 안식일은 생명을 건지는 날이라고. 그것이 안식일 정신이라고. 하나님이 안식일을 주신 이유는 안식을 누리지 못하는 가여운 생명을 돌보는 노동이자 창조 행위를 위해서라고. 실제로 유대인은 안식일을 "하나님이 안식을 창조하는 노동을 하신 날"이라고 말합니다. 그러니 예수님의 해석은 구약 안식일 법을 위배한 것이 아니라, 구약을 포괄하면서도 그 정신과 의미를 진정으로 성취한 것입니다.

요한복음에서 예수님은 안식일에 38년 된 병자를 고치십니다. 유대인은 예수님이 안식일을 박해한다고 난리법석입니다. 그때 주님은 득달같이 달려드는 그들에게 이렇게 말씀하십니다.

"내 아버지께서 이제까지 일하시니 나도 일한다"(5:17). 예배의 본질이 가치이고 안식일 정신이 생명을 살리는 가치 있는 일을 수행하는 것이라면, 오늘 주일과 예배를 위한 우리 섬김과 수고 또한 쉬기를 마다하고 부지런히 일하신 주님을 닮는 한 방편이라고 할 수 있습니다. 안식일에, 예배 중에 하나님은 일하십니다. 예수님도 일하십니다. 성령님도 쉬지 않습니다.

그러므로 한두 가지 일에 집중하십시오. 그러나 너무 힘이 들면 잠시 쉬십시오. 김남주의 시구처럼 "가다 못 가면 쉬었다나 가지. 아픈 다리 서로 기대며" 말입니다. 그렇게 푹 쉬세요. 그것이 주일입니다. 예배는 안식입니다. 그러나 언제까지나 마냥 쉬고 있을 참은 아니지요? 내가 쉬고 있을 때에도 일하시는 주님을 기억하며, 남을 위해 섬기는 것이 예배자의 최고 가치이고 힘든 지체를 위해 내가 더 땀 흘리는 것이 참된 안식의 성취라는 점을 깊이 각인한다면, 남들은 폼 나게 와서 예배만 드리고 가는데 왜 매일 나만 일하느냐고 불평하기보다 주님의 일에 동참하고 주님의 이야기를 살아낸다는 즐거움을 누릴 것입니다. 내가 누리는 안식 이상으로 지체들의 안식과 나의 섬김이 소중합니다. 섬김이 안식이고, 예배입니다.

이제 안식일은 단순히 일을 안 하는 날에서 하나님 일을 하는 날로, 내 생명을 보존하기 위해 쉬는 날에서 타인의 생명을 위해 수고하는 날로 그 의미와 정신이 새롭게 바뀌었습니다. 이러한 예수님의 가르침에 비추어보면 주일 봉사와 예배가 전혀 다른 색채로 다가옵니다. 새로운 의미를 얻습니다. 내가 하는 일은 그저 교회라는 조직과 단체를 유지하기 위한 것이 아니라 지친 다른 지체가 참 안식을 얻도록 해주는 것이라고. 그런 내 수고는 예수님의 사역에 동참하는 것이고, 예수님 이야기의 일부분이며, 다시 쓰는 예수님 이야기라고.

나눔

1. 주일에 드리는 예배와 봉사로는 어떤 것이 있습니까? 그런 일들을 통해 안식과 기쁨을 누리고 있는지 나누어봅시다.

2. 안식을 누리는 예배를 위한 최소한의 장치로 저자는 1인 1사역을 권면합니다. 지금 하고 있는 여러 사역 가운데 한 가지를 선택한다면 무엇을 하고 싶습니까?

3. 예배가 안식이 될 수 있도록 우리 각자가 교회에서 실천할 수 있는 구체적인 방법에는 어떤 것이 있습니까?

4. 진정한 안식은 일을 하지 않는 것이 아니라 안식을 누리지 못하는 이가 안식을 누리도록 일하는 것이라고 하였습니다. 나 한 사람의 안식이 아니라 우리 공동체 전체가 안식을 누리는 것이 예배와 봉사의 목적입니다. 내 섬김이 다른 성도의 안식을 위한 것인데도 안식을 누리지 못하는 이유는 무엇입니까? 안식 가운데 거하기 위한 예배와 봉사가 무엇인지, 어떻게 해야 하는지 서로 나누어봅시다.

4장 예배는 싸움입니다

현대 기독교 아카데미에서 강의할 때 일입니다. 그날 찬양을 인도한 한 형제 이야기가 새로웠습니다. 그 형제는 기독교철학을 공부하고 있었습니다. 그러면서도 교회의 사회 참여에 대한 신학적 관심을 계속 키워나가는 중이었습니다. 그런 그가 예전에는 예배가 그렇게 중요하다는 것을 미처 몰랐는데, 짐 월리스의 「회심」을 읽으면서 생각이 바뀌었다고 합니다. 월리스는 미국 복음주의 진영에서 내로라하는 사회 활동가입니다. 그런 분이 예배를 강조하니 새삼스러웠던 모양입니다.

실제로 월리스는 이런 이야기를 했습니다. 외부에서 방문하는 사람들은 소저너스(Sojourners)가 예배를 강조하는 것을 보고 깜짝 놀란다고 말입니다. 그들은 소저너스가 오로지 복음의 정치적 의미에만 집중한다고 지레 진단합니다. 70여 가지의 사회봉사를 수행하는 워싱턴 세이비어 공동체 교회의 눈부신 사역 뒤에도 하루 한 시간 정도 드리는 관상 기도가 있습니다. 내적 성숙이 갖춰지지 않으면 외적 봉사도 속절없이 무너지고 만다는 사실은 동서고금에 걸친 보편적 진리입니다.

예수님은 광야에서 세 가지 유혹을 받았습니다. 마귀는 예수님에게 세상 모든 나라와 영광을 보여준 뒤, 자신에게 절하면("절하다"라는 단어를 주목하십시오. 다름 아닌 예배입니다) 그 모든 것을 주겠다고 합니다. 세상 권력과 정치적 힘을 갖는 것은 곧 "나는 누구를 예배하는 자인가"라는 신앙과 그리스도인의 정체성과 맞닿아 있습니다. 그러기에 예배는 정치입니다. 거짓된 예배와의 싸움입니다.

예배와 정치는 궁극적으로 동일합니다. 우리가 무엇을 가장 사랑하는지, 최종적으로 무엇에 의존하는지, 어디에 가장 높은 충성을 바치는지를 묻고 답하는 것이 예배입니다. 정치도 마찬가지입니다. 정치도 내가 누구인지, 누구에게 충성을 다하는지를 말해

줍니다. 정치 행위는 추구하는 가치, 꿈꾸는 희망, 실현하려는 이상을 공표합니다. 어떤 신문을 보고, 어떤 텔레비전 프로그램을 즐겨보는지, 어느 정당에 투표하는지 등은 그 사람의 신념이나 가치관과 따로 떨어져 있지 않습니다. 그런 점에서 볼 때 정치는 인생 최고의 가치인 예배와 충돌하면서도 분리되지 않는 것입니다. 예배 자체가 정치입니다.

진품 가치와 모조 가치가 맞부딪친다는 점에서 예배는 "싸움"입니다. 예배할 때 우리가 하는 모든 행동은 거짓 가치와의 투쟁입니다. 달리 말해 우상과의 전투입니다. 월리스의 말을 인용하겠습니다. "하나님을 예배할 때 모든 우상이 패퇴된다. 모든 거짓 예배는 참 예배의 빛 속에서 노출된다." "예배의 능력은 우리를 모든 우상의 예속으로부터 자유롭게 풀어준다." 하나님도 아닌 것이 우리를 지배하고 있습니다. 그리고 우리는 알게 모르게 그 지배에 동의하고 있습니다.

예수님에게 향유를 부은 마리아의 모습에서 진정한 예배에는 반드시 대가가 수반된다는 점을 알게 됩니다. 값비싼 향유의 경제적 가치를 계산하는 데 재빠른 그때나 지금의 사람들 눈에 비친 마리아의 행동은 터무니없는 바보짓에 몹쓸 짓을 한 것인 양 반감을 불러일으킵니다. 마리아의 예배는 재정과 충돌했고, 세상의 평가와 대립했으며, 결국 긴장을 낳았습니다. 그러나 예수님의 판단은 달랐습니다. "참견하지 마라. 이 여자는 나에게 갸륵한 일을 했는데 왜 괴롭히느냐?" (막 14:6, 공동번역)

지금도 예배를 통해 우리는 치열한 싸움을 전개하고 있습니다. 예를 들어 우리는 일주일에 적어도 하루는 예배하기 위해 모든 일을 잠시 멈추어야 합니다. 예배를 통해 참된 안식을 누립니다. 그러나 현대인이 볼 때 이런 모습은 참으로 어리석고 비효율적인 낭비입니다. 지금은 속도가 힘이고 시간이 돈인 시대입니다. 주일 하루 더 일하면 당장 얻을 수 있는 이익이 많습니다. 학생일 경우, 남들은 다 학원이나 독서실에서 공부하는데 한가하게 예배하고 있으면 뒤처지지 않을까 조바심이 납니다. 그러나 예배를 통해 우리는 속도와 시간의 노예가 아니라 선한 청지기임을 다시금 확인하고 확신합니다.

저마다 마음속에는 갖가지 악하고 약한 것이 숨어 있습니다. 그것은 우리로 하여금 불평하고 탄식하게 합니다. 다른 사람의 기운마저 꺾어버리지요. 그러나 찬양을 통해 우리 안에 있는 두려움과 슬픔을 걷어내고 하늘의 마음을 품습니다. 우리는 모이면 함께 노래합니다. 한 마음으로 한 주님을 높이는 노래를 부릅니다. 홍해를 건넌 다음 부른 우렁찬 승리의 노래도 부르고, 음험한 지하 감옥에 갇힌 바울과 실라처럼 작지만 힘이 있는 희망의 노래도 부릅니다. 찬양하는 내내 우리는 예수의 은혜를 힘입어 악한 것과 싸우고, 그 이김을 노래합니다.

예배를 드리며 성도는 기도합니다. 기도하는 동안 눈을 감습니다. 눈을 감아야 보이는 것을 보기 위해서입니다. 하늘입니다. 하늘의 뜻입니다. 하늘의 길입니다. 하늘의 마음입니다. 눈에 보이는 것을 따라서 살지 않으리라 다짐합니다. 육신의 눈으로는 보이지 않고 볼 수도 없지만, 믿음의 눈, 즉 영안이라야 보이는 하나님 나라를 봅니다. 욕망으로 애타게 구하는 내 뜻이 아니라 하늘 아버지의 뜻을 구합니다. 기도하는 그 자리가 2천 년 전 겟세마네 동산으로 변합니다. 주님이 피땀 흘리며 기도의 전투를 하셨듯이 우리도 그 싸움을 하고, 그분처럼 승리합니다.

우리는 예배드리며 헌금하기를 잊지 않습니다. 가장 치열한 전투가 벌어지는 시간입니다. 이 세상에서 주인 노릇하는 돈의 권세와 싸우는 시간입니다. 사람들은 말합니다. 어떻게 번 돈인데, 그 돈이 얼마나 중요한데, 그걸 다 갖다 바치느냐고요. 돈의 쏠쏠

이를 보면, 그 사람과 신앙을 가늠할 수 있습니다. 봉헌을 통해 우리는 내 맘과 삶에서 주인 행세하는 돈의 위력을 떨쳐내고 다름 아닌 예수님의 아버지인 하나님이 참 주인이요 구주임을 표명합니다. 더 이상 돈에 질질 끌려 다니는 인생이 아니라 하나님의 풍성함과 부요함 가운데 거하는 것입니다.

예배의 정점은 설교입니다. 우리는 모두 자기 생각에 옳은 대로 행합니다. "이 세대를 본받지 말라"는 말씀은 세상의 기준을 수용하지 말라는 뜻입니다. 무엇이 옳고 그른지, 어떤 것을 선택해야 할지 모를 때, 우리는 흔히 세상의 관행과 풍습에 의지합니다. 하나님마저 자기 틀에 집어넣으려고 합니다. 그러나 성서를 읽고 그 뜻이 풀어지면서 하나님 생각을 깨닫습니다. 설교를 통해 가치관과 세계관을 조정합니다. 내 머릿속에서 묵은 세상 때를 벗기고, 하나님의 신선한 관점을 받아들입니다. 설교는 하나님 시각으로 자신과 세상을 보는 훈련의 시간입니다. 예배는 세계관의 싸움터입니다.

예배에서 가장 소홀할 수 있는 시간이 교회 소식을 전하는 시간입니다. 그 시간에 우리는 교회와 교우의 근황을 듣습니다. 흔히 광고라고 하지요. 그러다 보니 텔레비전에서 연속극이 끝난 다음 이어지는 광고 시간쯤으로 가벼이 여깁니다. 현대 문화는 개인주의입니다. 오로지 제 한 몸 돌보기에 여념 없습니다. 그러나 교회 공동체 소식을 통해 자아라는 두꺼운 껍질을 깨고 옆을 보게 됩니다. 예배는 하나님을 경험하는 동시에 이웃을 만나는 시간입니다. 자신을 향한 관심을 멈추고, 그 사랑을 이웃에게로 확장하는 시간입니다.

누구나 편안히 예배만 드리고 돌아가고 싶어하지만, 그들을 위해 누군가는 희생하는 섬김이 있어야 합니다. 주님이 누차 말씀하셨듯이 사람들은 높아지고 싶어합니다. 권세를 부리고 싶어 안달입니다. 높은 자리, 좋은 자리에 앉기를 원합니다. 예배를 위한 섬김을 통해 우리는 자신을 낮추고 섬기는 자가 되신 주님을 모방합니다. 예수님은 제자들의 발을 씻기셨습니다. 우리를 위해 몸과 피를 희생하셨습니다. 이렇듯 예배 시간의 봉사는 으스대고 싶어하는 우리의 낯선 교만을 꺾는 싸움 가운데 하나입니다.

요한계시록은 다른 어떤 성서보다 정치적으로 위험한 책입니다. 목에 칼이 들어와도 하나님을 예배하겠다는 그리스도인은 로마 제국에 크나큰 위협이었습니다. 요한이 본 묵시는 누가 진정한 신인가를 놓고 하나님과 세상의 신이 벌이는, 격렬하지만 결론은 이미 내려진 전투를 묘사합니다. 요한은 우리더러 그 전투를 보라고 합니다. 최종 승리가 어린양에게 있다는 것을 우리 눈으로 확인하라고 합니다.

    오늘 우리가 예배하는 시간에도 육안으로는 보이지 않지만 요한이 본 영적인 전투가 재현됩니다. 어린양이 승리하셨습니다. 요한은 그것을 보았습니다. 그래서 끝까지 싸웠습니다. 예배는 싸움입니다. 누가, 무엇이 내 인생의 주인이요 참된 가치인지를 두고 벌이는 치열한 한판 싸움입니다. 하늘의 싸움을 본 자, 그래서 어린양의 승리를 본 자만이 이 땅에서의 싸움도 이길 수 있습니다. 오늘 그 싸움과 승리를 보기 원하고, 우리도 그 싸움과 승리의 대열에 합류해야겠습니다.

나눔

1. 예배는 최고 가치인 하나님께 충성하는 행위라는 점에서 우상, 곧 우리가 숭배하는 세상적 가치와의 한판 싸움이 되는 것을 피할 수 없습니다. 그렇더라도 예배를 정치와 싸움에 비유하는 것은 불편할 수도 있습니다. 예배를 싸움으로 정의하는 것에 동의합니까?

2. 일련의 예배 순서는 세상적 가치와 결별하고 하나님 나라 백성이 되는 여정을 담고 있습니다. 시간을 내어 예배하는 것, 찬양, 기도, 헌금, 설교, 광고, 봉사 등이 어떻게 세상적 가치와의 싸움인지 말해 봅시다.

3. 최고 가치인 하나님께 굴복시켜야 할 내 안의 우상은 무엇입니까?

5장 예배는 만남입니다

인간은 크게 세 가지 관계를 맺고 살아갑니다. 첫째는 하나님입니다. 하나님은 세상을 창조하고 보존하며 구원하는 분입니다. 그분 때문에 우리가 존재하며, 격한 시련에도 희망을 안고 살아갑니다. 둘째는 자신입니다. 나는 그냥 나라고 생각하기 쉽지만, 나는 나에 대해 주인이기도 하고 손님이기도 합니다. 그러니 자기 자신과 잘 지내야 합니다. 셋째는 이웃입니다. 인간은 관계를 맺고 살아갑니다. 너 없이는 나도 없습니다. 나 아닌 다른 사람과 부대끼며, 생로병사와 희로애락을 같이합니다.

기도에는 세 가지 방향이 있습니다. 안과 위, 밖을 향한 기도입니다. 이는 삼위 하나님과 상응하는데, 안은 성자 하나님, 위는 성부 하나님, 밖은 성령 하나님입니다. 내 안에 계신 예수 그리스도를 의지하여 기도함으로 내면세계가 정돈됩니다. 여기서 시작된 기도는 위에 계신 하나님과 나누는 친밀한 교제를 갈망합니다. 그분을 노래하고 예배하며, 침묵으로 대화를 나눕니다. 그러나 기도는 궁극적으로 밖, 곧 삶과 세계를 지향합니다. 성령을 통해 기도로 살아낼 힘과 지혜를 얻고 고난당하는 이웃을 중보하며 세상을 꾸짖습니다.

태초의 인간 타락도 이 세 가지 관계로 설명할 수 있습니다. 먼저 하나님 말씀을 왜곡하고 그 말씀에 도전했습니다. 그러고는 벌거벗은 자신의 모습을 발견하고 부끄러워합니다. 하나님이 친히 오셔서 묻자 발뺌하느라 서로에게 책임을 전가합니다. 하나님에게서 도망한 인간은 자신을 부끄러워하고, 볼썽사납게 책임을 떠넘기며 상대방을 탓합니다. 인간의 인간다움, 인간이 인간답게 사는 것이란 이 총체적 관계가 고루 건강하고 두루 원만한 것을 말합니다.

헨리 나우웬은 성령 안에서 사는 삶, 곧 영성을 발돋움이라 합니다. 가장 깊숙한 자아로 들어가고 동료 인간에게 뻗어가며 하나님께로 나아갑니다. 현대 사회에서 인간은 "가슴을 후비는 외로움"에 어쩔 줄 몰라 합니다. 헨리 나우웬이 내린 처방은 고독에 창조적으로 반응하는 것입니다. 서로에게 적대적인 관계에서 따뜻하게 자신의 집으로 환대하는 법을 배워야 합니다. 인간은 유한합니다. 기도를 통해 거룩하고 절대적인 존재에게 다가섭니다. 따라서 진정한 영적 삶은 균형입니다.

예배도 마찬가지입니다. 세 가지 가운데 어느 하나가 빠지면 다른 것도 제 구실을 하지 못할 만큼 얽혀 있습니다. 한 측면이 튼튼하면, 그 영향으로 다른 것도 회복됩니다. 무릇 하나님을 아는 자는 자신의 정체를 모를 수 없으며 이기적으로 살지 못합니다. 자신을 온전히 알기 위해서는 하나님을 알아야 하며, 이웃과 세상 속에서 사는 법을 알아야 합니다. 소명을 깨달은 자는 자신을 부르신 이와, 자신이 받은 은사와 달란트를 이미 잘 알고 있습니다. 우리는 이사야를 통해 이러한 온전한 예배를 봅니다. 그는 성전에서 예배하면서 거룩한 하나님을 만나고 죄인 된 자신을 발견하며 이웃을 향한 부름을 듣습니다.

첫째, 예배는 하나님과의 만남입니다. 이사야는 성전에서 다른 무엇이 아니라 하나님을 경험합니다. 그냥 하나님이 아니라 거룩한 하나님입니다. 내게 맞출 수 없고 조작할 수 없으며 변경할 수 없는 그분이 성전에 떡하니 존재하십니다. 하나님의 거룩은 그분의 본성이기도 하지만, 당시 정황에서 살펴보아야 더 명확합니다. 이사야가 성전에 간 때는 웃시야 왕이 죽은 해입니다. 웃시야 왕은 강성해지자 왕으로서 감히 넘볼 수 없는 제사장 직무마저 차지하려 했습니다. 그는 왕권과 신권을 동시에 거머쥔 절대 권력을 소유하려 했습니다.

웃시야는 바로 우리 모습입니다. 어떤 이는 돈을, 어떤 이는 권력을, 또 어떤 이는 욕망을 꿈꾸고 탐합니다. 그것을 얻기 위한 수단으로 예배합니다. 그러나 하나님을 이용하려는 수작이지만 실상은 자신이 소비됩니다. 자기가 만든 신을 자기가 섬기니 그것이 우상입니다. 자기 스스로를 신으로 숭배하니 어리석기 짝이 없는 짓입니다. 그래서 포이어바흐는 신학을 인간학이라고 했습니다. 인간의 은밀한 욕망을 하나님에게 투사해서 채우고자 하기 때문입니다.

하나님은 예배 가운데 자신을 거룩하다고 선언하십니다. 그분은 인간이 어찌지 못하는 분, 우리 손으로 거머쥘 수 없는 분입니다. 전통적인 용어로 표현하자면 전적 타자(wholly other)입니다.

"이 시대의 인도하는 예배자가 직면하는 가장 큰 도전 중 하나는, 어떻게든 하나님의 사람들을 도와 그분의 타자성에 응답할 수 있는 목소리를 찾게 하는 것이다."

우리 시대는 예배와 관련해서 이사야 시대와 비슷합니다. 웃시야가 보인 행동은 하나님의 위엄과 권위가 땅에 떨어진 상황을 반영합니다. 성전과 예배가 삶의 구심점은 고사하고 사람들에게 비난거리가 되었습니다. 외형적으로는 갖출 것 다 갖추고 없는 것 없는 최첨단 호화 예배를 드리지만, 속은 뒤틀리고 썩었습니다. 예배는 광대놀음이고, 최고 권력자를 치켜세우기 급급하여 아양을 떱니다. 돈 잘 버는 법을 설파하고, 부동산 늘리는 강의가 유행합니다. 예배는 속되고 속되고 속됩니다. 삶은 허하고 헛됩니다.

거룩은 다름 아닌 구별됨입니다. 하나님과 인간은 다르지요. 그래서 인간은 하나님으로 장난칠 수 없습니다. 그랬다가는 웃시야처럼 크게 혼이 날 것입니다. 하나님은 인간으로 축소할 수도, 돈이나 권력으로 환원할 수도 없습니다. 인간의 가치 기준으로 도저히 평가할 수 없는 분이 하나님입니다. 하나님을 내 맘대로 조종할 수 있다면 얼마나 좋을까마는 그러지 못하는 것이 구원이고 복음입니다. 하나님은 위에 계십니다. 하나님은 하나님입니다.

둘째, 예배는 자신과의 만남입니다. 자신을 알기란 실로 쉽고도 어렵습니다. 사실 나는 내가 누구인지 정말 잘 압니다. 가룟 유다에 관한 책을 쓴 적이 있습니다. 나를 여실히 보여주는 프리즘이 바로 가룟 유다입니다. 나는 가룟 유다입니다. 그러나 정작 현실에서는 나에 대해 잘 모릅니다. 어쩌면 눈을 감으려고 하는지도 모르지요. 남의 눈에 있는 지극히 작은 티는 잘 보면서도 내 눈 속에 있는 대들보는 알지 못합니다. 아프지도 않습니다. 당연합니다. 오히려 멋있게 보이도록 치장하고 포장하는 데 능수능란합니다.

그러하기에 잣대와 저울이 없으면 크기와 무게를 잴 수 없습니다. 나 자신이 나를 가늠하는 기준이 된다면 "나"라는 존재는 오리무중에 빠집니다. 하나님을 아는 자가 자기 자신도 압니다. 칼뱅은 하나님 지식과 자신에 대한 지식이 서로 연결되어 있다고 했습니다. 둘은 아주 밀접하기 때문에 어느 쪽이 먼저인지, 어느 쪽이 파생된 것인지 분간하기가 어렵습니다. 그런데도 칼뱅은 하나님을 아는 것을 먼저 말하는 것이 정당한 순서일 거라고 말합니다. 사영리 전도지가 "당신은 죄인입니다"라고 말하기 전에 "하나님은 당신을 사랑하십니다"라는 사실을 먼저 말하는 것은 참으로 옳고도 지혜롭습니다.

베드로는 주님을 만나고서야 자신이 죄인이라는 것을 알았습니다. 자신이 죄인임을 발견하고서야 예수님이 인생의 주인이자 구원자임을 깨달은 것이 아닙니다. 깊고 푸른 갈릴리 바다를 마치 손금 보듯 아시는 분이 베드로의 속쯤이야 훤하게 꿰뚫고 계시겠지요. 감출 수도, 도망갈 수도 없습니다. 측정할 수 없는 하나님, 측량할 수 없는 그분의 사랑 앞에 감당치 못할 자신의 허약함을 그동안 어렴풋이나마 감지하던 것을 그제야 알아버린 것이지요.

자신을 아는 것은 달콤하지 않습니다. 오히려 아픕니다. 하나님을 보고 나니 하나님에게 저주받은 자라는 끔찍한 실상이 폭로되었습니다. 그래서 망하고 죽는 길 말고는 달리 방도가 없습니다. 요한복음과 C. S. 루이스는 천국과 지옥을 정하는 것은 하나님의 능동성과 주권이라기보다는 인간 자신의 선택이라고 말합니다. 천국에 있어도 자신을 희생하고 남을 섬기는 짓은 도저히 눈꼴시어 견디지 못한다면 자기가 살기 좋고 편한 지옥으로 가는 것입니다. 그곳이 살기에 훨씬 편하고 몸에 맞습니다. 그러니 베드로는 떠나 달라고 사정하고, 이사야는 저주받았다고 외치는 것입니다.

이사야는 자신이 죄인이라는 사실을 언어에서 찾습니다. 자신을 일컬어 입술이 부정하다고 합니다(사 6:5). 그러면서도 그 부정한 입술로 거룩한 하나님의 말씀을 전합니다. 이사야는 하나님을 만나고 나서 자신의 언어가 얼마나 심히 타락했는지를 보게 된 것입니다. 하나님 말씀을 전하지만 자신과 괴리되었고, 타인을 정죄합니다. 자기 말을 하나님 말이라고 강변합니다. 하나님 말씀은 거룩한지 몰라도 자신과는 아무 관련이 없습니다. 정작 본인은 혀를 길들이지 못해 걷잡을 수 없는 악과 독으로 몸져누워 있습니다. 칭찬하고 감사에 찬 말을 하기보다는 수군거리고 불평하기는 왜 그리 쉬운지요. 한 입으로 축복도 하고 저주도 합니다(약 3:9-10). 하여 이사야는 망한 예배자입니다. "하나님은 우리를 다양한 방법으로 망하게" 하십니다. 우리를 "더 강하고 더 순수한 예배자로 회복시키"십니다.

셋째, 예배는 이웃과의 만남입니다. 인생의 목적을 모른 채 살기란 얼마나 쉬운가요. 알고도 붙잡지 않는 사람은 또 얼마나 많은지요. 키르케고르는 자신이 온몸을 던져 추구할 푯대를 일기에 기록해 두었습니다. 자신을 이해하고, 하나님이 무엇을 하기 원하는지 알며, 그것을 위해 살고 죽는 것입니다. 칼 힐티는 우리 인생 최고의 날은 사명을 자각하는 날이라고 했습니다. 과녁이 없이는 화살을 쏠 수 없습니다. 왜 사는지를 모르면 살아도 산 것이 아닙니다.

기독교 신앙은 하나님 사랑과 이웃 사랑을 통합합니다. 수직과 수평이 교차합니다. 바울은 에베소서에서 우리는 하나님의 작품으로서 착하고 선한 일을 하도록 지어지고 구원받았다고 말합니다. 사도 요한은 눈에 보이는 이웃을 사랑하지 않으면서 보이지 않는 하나님을 사랑한다고 고백하는 사람의 말을 물리칩니다. 우리 주님은 영생을 묻는 부자 청년에게 재물을 가난한 자들에게 나누어주라고 하십니다. 애당초 둘은 하나입니다. 하나가 없으면 다른 하나도 없습니다. 나 홀로 신앙이란 결단코 없습니다.

하나님과 자신을 발견한 이사야는 조국의 운명을 봅니다. 사람을 찾는 하나님의 음성을 듣습니다. 예나 지금이나 하나님은 사람을 찾습니다. 이는 이사야의 물음으로 보아도 무방합니다. 그는 눈을 들어 현실을 살핍니다. 피폐하고 도탄에 빠진 민초들의 각박한 삶에 눈물을 흘립니다. 그런 현실을 보고도 소매를 걷어붙이고 나서는 이가 아무도 없습니다. 소명을 비전이라고 부르는 이유는 자기 눈에 보이는 바로 그것이 하나님의 부르심이기 때문입니다. 하나님이 보게 하신 것입니다. 그러고는 본 것을 자꾸 말하게 됩니다. 말한 자가, 본 자가 하는 것입니다.

우리는 예배를 통해 하늘의 음성을 듣습니다. 하늘의 회의를 엿봅니다. 그래서 몸은 비록 땅을 벗하고 살지만 하늘의 시각을 얻습니다. 하늘의 마음을 품습니다. 잃어버린 자를 애타게 찾는 아비의 심정을 느낍니다. 그분 가슴에는 사람과 세계가 있습니다. 하나님에게 절대 가치는 바로 인간 구원입니다. 그래서 당신의 아들도 아끼지 않았습니다. 우리를 사랑한다는 말이 빈말도, 헛말도 아님을 예수님이 십자가에 못 박히는 사건으로 입증하셨습니다. 세상 한가운데서 십자가에 달리신 그분이 우리더러 오라고, 같이 있자고 하십니다.

그것은 참으로 힘겨운 일임이 틀림없습니다. 하나님은 이사야에게 십자가의 길이 얼마나 고단한지를 미리 일러줍니다. 듣지도 않을 것이고, 깨닫지도 못할 것이며, 보지도 못할 것이고, 아예 모른 척할 것이라고 말합니다. 마음이 둔한 까닭입니다. 들을 마음이 없는 것입니다. 그래도 가야 할 길입니다. 그런 이들에게 하나님은 우리를 보내시고, 온 맘과 온 힘을 다해 일하라고 하십니다. 우리는 그루터기고 거룩한 씨앗입니다. 예배에서 이웃의 현실을 주목하게 된 이상, 이웃을 돕는 자가 되어야 합니다. 그 자신이 그 루터기고 거룩한 씨입니다.

하나님을 예배하지 않고서는, 최고의 가치를 알지 못하고서는 결코 인생의 목적을 알지 못합니다. 하나님이 어떤 분인지 아는 순간, 그분 앞에 선 나 자신의 실존을 퍼뜩 깨닫습니다. 그리고 앞으로 어떻게 살아야 하는지도 드러납니다. 비전은 하나님의 부르심, 내 은사와 달란트, 이웃의 필요에 의해 결정됩니다. 이 세 가지가 예배 안에 있습니다. 예배의 맥락이 아니고서는 하나님도, 자신도, 이웃도 알지 못합니다. 예배 안에 있습니다. 예배하십시오.

나눔

1. 예배, 기도, 영성을 비롯한 신앙에는 세 가지 관계 또는 차원이 있다고 합니다. 그 세 가지 관계가 무엇인지 설명해 보십시오.

2. 예배에서 우리는 살아 계시고 거룩하신 하나님을 만납니다. 예배 가운데 말씀이나 찬양 등을 통해 당신이 경험한 하나님은 어떤 분인지 말해 봅시다.

3. 이사야는 예배 가운데 자신이 죄인임을 발견했습니다. 예배 속에서 하나님과 그분의 말씀을 통해 자신의 모습을 본 적이 있을 것입니다. 서로 이야기해 봅시다.

4. 예배는 하나님과 나만의 교제가 아니라 이웃을 위한 헌신도 포함되어 있습니다. 나를 향한 하나님의 사랑과 이웃을 향한 하나님의 마음을 깨달을수록 도움이 필요한 사람이나 장소가 떠오른다면, 그것이 바로 자신의 사명입니다. 그것이 누구이고, 무엇입니까? 각자 사명을 나누어봅시다.

2부 예배의 태도와 종류

6장 이렇게 예배하라

무엇보다도 예배 성패는 준비에 달려 있습니다. 준비한 만큼 예배하고, 준비한 만큼 은혜 받습니다. 이것은 펠라기우스주의, 곧 인간의 공로와 수고가 하나님의 은총에 무언가 기여한다는 뜻으로 하는 말이 아닙니다. 거저 주시는 하나님 말씀은 들을 귀 있는 자에게만 들립니다. 구하고 두드리는 자에게만 기도 응답이 있습니다. 맥스 루카도의 말입니다.

준비된 모습으로 예배에 나오라고 당부하고 싶다. 기도하고 오라. 그래야 도착해서도 준비된 상태로 기도할 수 있다. 충분히 자고 오라. 그래야 보좌해서 깨어 있을 수 있다. 말씀을 읽고 오라. 그래야 예배드릴 때 마음밭이 부드러워진다. 감동한 마음으로 오라. 자원하는 심령으로 오라. 말씀 묵상 하나님께 기대를 품고 오라.

토저는 하나님을 하나님답게 대접하는 참된 예배를 태도, 행동, 감정이라고 합니다. 무엇보다 태도가 우선입니다. 토저의 말입니다. "예배는 태도다. 다시 말해서, 예배는 마음의 상태다. …… 다시 강조하여 말하지만, 예배는 태도다. 내적 태도다. 육체적 태도가 아니라 정신적 태도라는 말이다. 마음의 상태를 말한다. 이 점에 대해서는 이론의 여지가 없다." 하나님을 대접하려는 마음, 곧 준비된 마음 자세가 예배를 예배답게 만듭니다.

주일예배는 토요일 저녁부터 시작된다고 해야 맞습니다. 물론 엄밀히게는 일주일 내내라고 말해야겠지요. 토요일 밤에 일찍 자는 것이 첫째 준비입니다. 예배 때 졸게 되는 이유는 토요일 밤 늦도록 텔레비전을 시청하는 등 다양합니다. 문제는 습관화입니다. 그것은 심각한 영적 질병입니다. 그러니 습관이 되지 않도록 해야 합니다. 윗필드가 그랬다지요. "설교가 윗필드 말이라면 주무셔도 좋습니다만, 하나님이 말씀하시는데 어떻게 졸 수 있습니까?"

또 한 가지 준비할 것이 있습니다. 헌금입니다. 아직도 많은 교인이 교회에 와서야 지갑에서 돈을 꺼내 헌금 봉투에 넣고 몇 자 적는다고 합니다. 제가 어릴 때만 해도 성도들은 주중에 새 돈, 그러니까 깨끗한 지폐로 헌금을 교환해 둡니다. 다리미로 다리기도 합니다. 그리고 기도하고 봉투에 넣어서 하나님께 드렸습니다. 준비한 것을 정성껏 드리는 마음이 실로 아름답습니다. 외적 행위를 답습하라는 것이 아닙니다. 준비하는 마음을 본받아야 합니다.

주일에 해야 할 것은 뭐니 뭐니 해도 예배당에 일찍 오는 것입니다. 늦어도 10분 전에, 적어도 30분 전에 와야 합니다. 헐레벌떡 들어와서는 숨을 고르는 건지 기도를 드리는 건지 분간할 수 없는 행태는 지양해야 합니다. 우리가 예배하는 대상은 하나님입니다. 우리가 하나님을 어떻게 생각하는지는 이런 소소한 일에서 드러납니다. 하나님을 어떻게 생각하시나요? 그분을 크고 위대한 분으로 인식한다면 지각이 습관이 될 수는 없습니다. 그저 푸짐한 선물을 주는 산타클로스 정도로 여기지 않는다면 지속적으로 아무런 가책 없이 늦을 수는 없습니다.

그렇게 일찍 와서 뭐하느냐고요? 제가 섬기는 교회 주보 예배 순서에는 이런 문구가 있습니다.

1. 우리 아버지 집에 오신 여러분을 환영합니다.
2. 들어오시면서 반갑게, 가볍게 기도 인사합니다.
3. 예배와 인생의 주인이신 주께 삼가 기도합니다.
4. 선포될 주의 말씀을 3회 정도 차분히 읽습니다.
5. 교회를 위해 봉사할 일을 점검하고 수고합니다.
6. 주님을 힘과 맘 다해 즐겁게 함께 찬양합니다.

이 모든 것이 예배를 준비하기 위해 우리가 해야 할 일입니다.

저는 예배 시작하기 30분 전부터 강대상 아래에서 기도합니다. 크게 세 가지를 기도합니다. 설교를 위해서, 찬양팀을 위해서, 마지막으로 교우 한 사람 한 사람 이름을 부르며 기도합니다. 말씀의 권세와 성령의 역사가 있도록 간구하는데, 설교를 위해 기도하다 보면 자연스레 설교 내용을 외우고 정리하게 되는 부수적 효과도 있더군요.

자리만 덥히는 신자(church bench-warmer)가 아니라면, 직분과 은사, 달란트에 따라서 교회와 예배를 위해 봉사할 것을 챙겨야 합니다. 그날 선포될 하나님 말씀을 적어도 3번 이상 읽어보면, 말하지 않아도 그 유익을 몸소 체험할 것입니다. 그날 말씀이 귀에 쏙쏙 들어오고, 입에서 절로 아멘 소리가 나오고, 다짐의 의미로 두 손을 불끈 쥐게 될 것입니다. 누구보다도 목청껏 찬양할 것입니다.

제가 섬기는 교회는 설교자나 특정인이 아닌 모두가 성경 봉독에 참여합니다. 그러다 보니 본문을 더디 찾는 이들도 있어 약간 난감할 때가 있습니다. 그래서 예배 전에 와서 해야 할 일 가운데 하나가 성경 본문을 미리 찾아두는 것입니다. 읽는 속도가 달라 빨리 읽는 이들을 따라 잡으려다 급히 읽기도 하지만, 되도록이면 천천히 읽습니다. 다른 사람을 배려하는 차원에서도 그렇지만, 본래 성경은 되도록 천천히 읽는 것이 좋기 때문입니다.

말씀을 들을 때 본이 되는 자세는 베뢰아 사람에게서 찾을 수 있습니다. "베뢰아의 유대 사람들은 데살로니가의 유대 사람들보다 더 고상한 사람들이어서, 아주 기꺼이 말씀을 받아들이고, 그것이 사실인지 알아보려고, 날마다 성서를 상고하였다"(행 17:11, 새번역). 여기서 "아주 기꺼이"는 간절한 마음, 큰 열심을 말합니다. "상고"는 연구, 조사를 뜻합니다. 마음으로 뜨겁게 갈망하고, 머리로 설교가 과연 성서에 부합한지 따져보고, 손과 발로는 말씀을 따라 순종합니다. 이것이 바로 고상한 마음을 지닌 신사적 그리스도인입니다. 그러니 고상한 신자가 설교를 팔짱끼고 눈을 지그시 감고 듣지는 않겠지요?

여기에 하나 덧붙이자면 설교자를 위해 기도하는 마음으로 말씀을 듣는 것입니다. 토저는 이렇게 기도하라고 합니다. "하나님! 마음의 평안을 전하는 설교자, 담배를 끊으라고 외치는 설교자, 기도하면 더 좋은 직업과 더 멋진 집을 얻을 수 있다고 전하는 설교자를 보내지 마소서. 대신 주 우리 하나님의 아름다움을 보고 그것을 전하는 설교자를 보내소서." 자신의 사상이나 언변을 자랑하지 않고 오직 말씀만, 오직 피 묻은 십자가의 진실만 전하는 설교가 되게 해달라고 기도하는 것이 설교자를 돕는 최상의 방도입니다. 물론 "하나님 말씀대로 순종하게 해주소서!"라는 기도도 잊지 말아야겠지요.

설교가 끝나면 찬양을 부릅니다. 그리고 축도를 마치고 반주 음악에 맞추어 기도합니다. 말씀에 불을 붙이는 시간입니다. 예배 중에 부어주신 하나님 은혜를 감사하는 기도를 드리며 말씀을 따라 살기로 다짐합니다. 이때 되도록이면 통성 기도를 하는 것이 좋습니다. 조용한 기도는 골방에서 드리고, 공동 예배에서는 너무 큰 목소리도, 속으로만 하는 것도 아닌 중간 정도로 웅얼거리는 목소리로 기도하십시오. 그 시간을 몰래 예배당 빠져나가는 시간으로 활용해서는 안 될 것입니다.

사실 가장 좋은 예배 준비는 마음입니다. 하나님이 예배에서 구하는 것은 아름다운 음악도, 웅변적인 설교도, 웅장한 예배당도, 많은 헌금도, 멋지게 차려입은 교인도 아닙니다. 다윗의 시(詩)입니다. "하나님께서 원하시는 제물은 찢겨진 심령입니다. 오, 하나님, 주님은 찢겨지고 짓밟힌 마음을 멸시하지 않으십니다"(시 51:17, 새번역). 하나님께 목마른 영혼으로 자신의 죄 때문에 아파하고, 하나님 없이 산 날들을 애통해하는 깨어진 마음이 예배입니다. 그래서 하나님은 예배가 아니라 예배자를 찾는다고 하시는 것입니다(요 4:23). 당신 모습 그대로가 예배입니다. 어떻게 예배해야 하냐고요? 당신이 예배입니다.

나눔

1. 예배는 하나님의 은혜에 대한 반응이라는 점에서 우리에게 변화된 태도와 자세를 요구합니다. 그러나 준비된 만큼 은혜를 경험한다는 말은 인간적으로 들릴 수도 있습니다. 맥스 루카도의 말과 구하고, 찾고, 두드리라는 말씀에 비추어 토론해 봅시다.

2. 예배를 준비할 때, 습관적으로 준비하지 못하는 것이 무엇입니까? 왜 그런지 말해 봅시다.

3. 우리 공동체 예배에서 잘 준비되지 못하는 부분이 무엇이며, 그것을 개선하기 위해 내가 할 수 있는 것이 무엇인지 서로 나누어봅시다

7장 소중한 것을 먼저 하는 예배

예배는 정말 아주 사소한 것에도 방해를 받습니다. 오직 한 분 하나님께 집중해서 그분의 음성을 듣고 노래하며 그분을 사이에 두고 성도가 서로 사귀는 복된 시간이 하찮은 움직임이나 소리로도 흐트러집니다. 앞사람이 머리를 긁적이거나 뒷사람이 세워둔 성경책이 등에 부딪혀도, 옆 사람이 자세를 가다듬으려고 움직이거나 작은 헛기침만 해도 마음이 산만해집니다. 각 사람의 기질과 성격에 따라 느끼는 것도 다르겠지만, 어쨌든 소소한 일로도 예배에 지장을 초래합니다.

　예배는 하나님의 가치를 확인하고, 안으로는 마음의 중심을 다잡고 밖으로는 하나님의 하나님 되심을 찬양과 고백, 말씀과 봉사 등을 통해 공표하는 것입니다. 에티켓(etiquette)이란 말이 있습니다. 사람과 사람의 만남에서 지켜야 할 예의범절을 일컫는 프랑스어입니다. 타인에게 폐를 끼치지 않고 더 나아가 그를 존중해 주기 위한 태도와 자세입니다. 가장 소중한 예배를 위해 우리가 지켜야 할 몇 가지 에티켓 또는 주의해야 할 것이 있습니다.

첫째, 우리가 잘 알면서도 종종 실수하는 것이 휴대폰 사용입니다. 요즘은 예배 시간에 휴대폰을 꺼두거나 진동으로, 또는 자동응답으로 해두는 것이 일상화된 것 같습니다. 저는 목사인지라 주일에는 아예 휴대폰을 소지하지 않습니다만, 평신도는 이러저러한 연유로 켜두어야 할 때가 많습니다. 그러나 청소년은 경우가 다릅니다. 학교에서도 그러하거니와 예배 시간에도 문자를 주고받는다는 이야기를 듣습니다. 하나님과 나누는 대화는 안중에 없고 친구들과의 교제에 우선적 가치를 두기에 생기는 현상입니다.

영화관이나 공연장에서는 시작 전에 반드시 휴대폰을 꺼달라고 신신당부합니다. 연극이나 연주회에서는 관객의 미동조차 예민하게 신경 쓰이기 때문입니다. 그런 판국에 휴대폰이 울리면 엄청난 실례일 뿐 아니라 공연에 크나큰 지장을 줍니다. 하물며 예배겠습니까. 굳이 그런 장소나 모임의 가치를 깎아내리려는 의도는 아니지만, 그 어느 것도 하나님을 예배하는 것에 우선할 수는 없습니다. 그렇다면 고작해야 한 시간 정도 휴대폰을 꺼두는 것은 기본적인 예의입니다.

예배는 마음을 사로잡는 온갖 염려를 그치고, 노동을 멈추며, 영적인 깊은 쉼을 누리는 시공간입니다. 예배를 통해 경험할 안식의 진입로는 그침에서 시작합니다. "현대인이 받는 스트레스의 주된 원인 가운데 하나는 할 일이 너무 많다"는 것인데, 일을 잠시 멈추지 않고서는 안식할 수 없습니다. 일을 그쳐야 안식을 누리기 때문에, 예배는 지상 최고의 가치인 하나님과의 만남이기 때문에 휴대폰을 꺼두어야 합니다.

둘째, 예배의 소중함을 아이들에게도 주지시켜야 합니다. 어린아이들이 예배 시간에 잠시도 멈추지 않고 번잡스럽게 움직이는 것은 유일하게 우리나라에서만 나타나는 문제로 보입니다. 해외에서도 지하철이나 식당과 같은 공공장소에서 큰 소리로 떠들거나 뛰어다니는 사람은 유독 한국 사람뿐이라고 하니까요. 어떤 책을 읽어보니 어느 성공한 호텔 CEO가 선교사 가족을 해마다 한 번씩 초대해 대접하려고 했는데, 아이들이 어찌나 예의 없이 구는지 혼이 나서 다시는 그 행사를 하지 않는다고 하더군요.

작은 교회는 대부분 영유아를 위한 공간이 모자랍니다. 그래서 아이들이 떠들거나 장난치는 소리가 예배당 안에도 들려오고, 때로는 아이들이 예배당 문을 열고 엄마 아빠 찾아서 큰 소리로 부르기도 합니다. 더 심한 경우는 들락날락거리기도 하지요. 어느 교회 담임 목사님은 아이들이 유아실에 들어가지 않고 밖에서 뛰어다니는 것을 보고 "애 뺨을 때려서라도 조용히 시켜"라고 했다더군요.

아이들 문제는 비단 소형 교회만의 일이 아닙니다. 좋은 유아실 시설이 있는 곳도 예외가 아닙니다. 최에스더 사모님이 쓴 「성경 먹이는 엄마」에는 예배당 자모실에서 벌어지는 진풍경이 여과 없이 적혀 있습니다. 과자 먹기는 예삿일에, 옆 사람과 얘기하기는 다반사인데다 웃고 떠들고 박수치는 사람, 아이들이 토닥거리며 싸워도 나 몰라라 방치하기 일쑤입니다. "어찌 보면 예배 시간은 겨우 한 시간 반 정도밖에 안" 되는데, 예배를 훈련하는 시간이 아니라 예배를 잘못 드리는 방법을 가르치는 시간이 되고 맙니다.

최에스더 사모님은 그런 상황에서도 자신과 자녀를 예배자로 훈련합니다. 먼저 부모가 예배에 집중합니다. 그 분은 아이 연령에 따라 다르게 가르칩니다. 돌이 채 되지 않은 아이는 예배 시간에 재웁니다. 그 다음은 아무것도 안 먹는 훈련을 시킵니다. 그리고 침묵을 훈련합니다. 방해자가 되지 않도록 가르칩니다. 나중에는 아이들을 적극적으로 예배에 참여시킵니다. 그 분 나름의 비결일 테니 무작정 따라 하지 않아도 됩니다. 중요한 것은 이런 예배자가 한 사람만 있다면 유아실에서 드리는 예배도 은혜가 풍성해질 것이라는 사실입니다.

"예배는 하나님이 가장 귀하게 여기시는 교회 공동체의 이름으로 하나님 앞에서 그분의 음성을 듣고 자신의 죄를 고하며 용서함을 얻는, 무엇과도 비교할 수 없는 귀한 시간"이라는 인식을 가져야 합니다. 그리고 부모 먼저 예배자가 되어 예배에 집중해야 한다는 말을 귀담아 들어야 합니다.

부모는 예배를 통해 하나님과 교통하는 것을 아이에게 보여주어야 한다. 눈에 보이지 않는 하나님을 어떻게 설명할 것인가? 부모가 예배를 드리는 가운데, 보이지 않지만 그 자리에 함께하시는 하나님을 대하는 자세로 보여줄 수밖에 없다.

셋째, 예배 맨 마지막 순서인 기도 시간입니다. 교회마다 다르겠지만, 많은 교회에서 목사님이 축도한 뒤 기도하는 시간을 갖는 걸로 압니다. 이 시간은 말씀을 내면화하는 시간입니다. 선포된 말씀을 재고하고, 그 말씀에 비추어 지난 한 주간의 삶과 다가올 한 주의 삶을 결단하는 시간입니다. 언어로만 들리던 하나님 말씀에 기도로 불을 붙이고 활력을 더하는 소중한 시간입니다. 찬양대나 음악 반주를 통해서 조용히 기도하고 묵상하는 시간은 이처럼 요긴합니다.

안타깝게도 이 조용한 시간을 소홀히 여기는 사람을 많이 봅니다. 뭐가 그리 급한지 목사님의 축도가 끝나기도 전에 자리를 박차고 벌떡 일어나는 사람도 있습니다. 아예 그 즈음에 예배당을 나설 준비를 하기도 합니다. 예배가 목적이 아니라 징검다리로 그 이후 약속을 맞추려고 하기 때문에 벌어지는 일입니다. 그 약속에 걸맞은 차림을 하고, 시간 맞추어 가려고 부리나케 일어서는 것입니다. 그런 분에게 말씀을 반추하는 것은 한가한 사람이나 하는 일로 보일지도 모릅니다.

큰 교회는 다음 예배를 위해 자리를 정돈하려면 기도할 틈이나 여유도 없이 일어서야 합니다. 대형예배당에서 하루에도 몇 차례 예배하는 처지이다 보니, 사역자나 여러 일꾼에게는 다음 예배를 준비하는 것이 급선무일 겁니다. 작은 교회라고 예외가 아닙니다. 예배를 마치고 식사를 하는 우리 교회는 공동 식사를 위해 창문을 열어 환기하고, 의자를 뒤로 밀고, 음식을 날라야 합니다. 한 사람도 빠짐없이 참여하다 보니 마르다처럼 분주하게 움직여야 합니다.

그러나 이런 문제 또한 답은 간단합니다. 무엇이 소중한지, 어떤 것이 더 가치 있는지 생각해 보면 답이 나옵니다. 마르다의 봉사는 절대적으로 필요하며, 마리아의 예배는 결코 봉사의 도피처가 아닙니다. 그러나 봉사가 예배에 우선하지 않는다는 사실은 분명합니다. 기도하는 사람을 방해하면서, 아직도 기도를 돕는 반주가 계속 나오는데도 일어서서 큰 목소리로 대화를 나누고 식사를 준비하는 것은 마땅히 절제해야 합니다.

한 형제가 이런 이야기를 나누었습니다. 은혜 받은 말씀을 심령에 되새기며 기도하고 싶은데, 모두들 일어서서 움직이니 한편 미안하기도 하지만 은근히 화도 나더랍니다. 물론 어느 정도 길게 기도했다면, 또는 기도를 돕는 찬양 소리가 그쳤다면 이제 기도하는 사람이 절제하고 양보해야 합니다. 그러나 그렇지 않은 상태라면 잠시, 그래봐야 5분을 넘기지 않을 테니 서둘러 점심을 준비하지 않아도 될 것 같습니다. 예배를 위해 교회에 온 것이지 먹기 위해 온 것은 아니기 때문입니다. 소중한 것을 먼저 해야 합니다. 덜 중요한 것들은 더 중요한 것을 위해 아주 조금만 미루면 어떨까요?

나눔

1. 예배를 드리면서 방해받은 적이 있을 것입니다. 휴대폰, 자녀, 기도 시간에 일어나 나가는 것 말고도 내가 다른 사람의 예배를 방해한 적은 없는지 찾아봅시다.

2. 세대별로 나누어 예배드리는 것과 함께 어린아이를 포함하여 온 가족이 다 같이 예배드리는 것은 어떨까요? 자녀를 예배하는 자로 훈련하기 위해 유아실 등에서 구체적으로 실천할 것 한 가지를 이야기해 봅시다.

3. 예배를 드리면서 방해받은 적이 있을 텐데, 그것은 방해가 아니라 그 일로 섬기라는 요청입니까? 방해를 어떻게 보아야 하고, 어떻게 응답할 수 있는지 말해 봅시다.

8장 예배의 종류
_개인 예배

예배에는 네 가지 종류가 있습니다. 첫째는 개인 예배입니다. 개신교는 어떤 신앙 체계보다 개인적입니다. 더 정확히 말해서 인격적입니다. "개인"과 "인격"은 영어로 같은 단어입니다. 영어에서 "personal"은 개인과 인격 두 가지 의미를 담고 있습니다. 그래서 컴퓨터와 결합되어 "Personal Computer"라고 하면 개인 컴퓨터가 되고, 하나님 앞에 있으면 인격적인 하나님이 됩니다. 이 글에서도 개인과 인격은 서로 바꿔 쓸 수 있는 의미로 사용하였습니다.

프로테스탄트는 개인적인 것이 인격적인 것이기에 나 자신이 직접 경험하고 깨닫지 않으면 인정하지 않겠다는 태도를 견지합니다. 마치 베뢰아 사람들이 기꺼이 주의 말씀을 받으면서도 그 말이 사실인지 알아보려고 성서를 진지하게 탐구했듯이 말입니다(행 17:11). 개신교인은 귀로 듣는 것에서 그치지 않고 직접 눈으로 보고자 하는 또 한 명의 욥입니다(욥 42:5).

이 말은 언뜻 들으면 오해할 소지가 많습니다. 유아독존이 아닙니다. 나 아니면 안 된다는 뜻이 아닙니다. 그렇다고 나와 무관하게, 나를 거치지 않고, 친구 따라 강남 가듯 그저 남이 옳다고 하니 받아들이는 사람은 더욱 아닙니다. 부모 따라서 교회는 잘 다닐 수 있어도 부모 신앙으로 천국에 갈 수는 없습니다. 자기 신앙으로 하나님 앞에 서야 합니다. 각 사람이 자기 일을 직접 하나님께 직고할 것입니다(롬 14:12).

그러니까 개인 예배라고 했을 때의 개인은 한 개별적 존재가 인격적으로 하나님 앞에 서야 한다는 뜻입니다. 내 인생에서 예수님이 가장 소중하다는 사실을 인정하고 은밀하게 표현하는 것이 바로 개인 예배입니다. 하나님을 개인적으로 만나지 않고서는, 하나님을 내 하루와 일생에서 가장 중요한 분으로 인정하지 않고서는 내가 살아갈 수 없다고 단호히 선언하는 것이 개인이 드리는 예배입니다.

역사적으로 개인 예배는 두 가지 형태가 있습니다. 하나는 "경건의 시간"(Quiet Time, QT)입니다. 무디 집회를 참석한 케임브리지 대학생 후퍼와 손톤은 자신들이 계속 무의미한 날을 보낸 원인을 깨달았습니다. 첫 시간을 하나님께 드리지 않았기 때문입니다. 날마다 말씀 읽기와 기도로 새벽을 열면서 그들은 풍성한 삶을 경험했습니다. 그 만남이 없다면, 그날 하루도 없습니다. 그만큼 결정적인 시간입니다. 그들에게 하루에서 가장 소중한 시간은 하나님을 개인적으로 만나는 시간이고, 바로 그 때문에 충만한 삶을 누린 것입니다.

스티븐 코비가 들려준 한 강사의 이야기가 생각납니다. 강단에 선 강사가 항아리에 주먹만 한 돌 몇 개와 자갈, 모래, 물을 차례대로 넣었습니다. 그렇게 항아리를 가득 채운 다음, 묻습니다. "이게 무슨 뜻일까요?" 사람에게 틈이란 늘 있기 마련이므로 인생에 더 많은 것을 넣을 수 있다는 뜻입니다. 그 강사는 말합니다. "핵심은 이겁니다. 만일 큰 돌을 먼저 집어넣지 않았다면, 과연 다른 것들을 집어넣을 수 있었을까요?" 그렇습니다. 가장 가치 있는 하나님과 먼저 시간을 보내지 않고서 어떻게 의미 있고 보람찬 하루를 보낼 수 있을까요? 소중한 것을 먼저 해야 합니다.

경건의 시간이 서양에서 유래했다면, 한국 교회 고유 전통으로는 "새벽 기도회"가 있습니다. 1905년 초, 개성 지방 부인사경회에 참석한 캐롤 선교사가 목격한 일입니다.

> 아침 여섯 시가 되자 마치 아침을 알리는 시계처럼 건너편에 있던 교인들이 일어나 찬송을 부르며 기도를 하는 바람에 나도 일어나야 했다. 그런데 그 다음 날에 몇 사람이 새로 오더니 새벽 4시에 사람을 깨워 무려 한 시간 반 동안이나 예배를 드렸다. 나로서는 그렇게 일찍 일어나 힘겨워져 않아도 될 것 같아 이후 올 때는 사고 아이기만 깊어 있으면 낮에 하라고 권면하였다.

이처럼 새벽 기도는 외국인 선교사에게 낯설고 지나쳐 보여서 도리어 말리는 형국이었지만, 우리 선조에게는 자연스러운 것이었습니다. 새벽 시간을 신령하게 여겨오던 조상들은 이른 새벽에 길은 물로 하늘을 향해 정성을 드렸는데, 이제 방향과 내용을 바꾸어 하나님께 기도하게 된 것입니다. 우리가 참으로 섬겨야 할 바른 대상을 만났으니 그분께 가장 신령한 시간을 드리는 일은 온당합니다. 비단 한국인의 에토스(ethos)에서 비롯되었을지라도 새벽 기도는 하나님을 사랑하여 하루 첫 시간을 주님께 드리고자 한 신앙 선배의 역사를 닮았습니다.

물론 체질이나 습성에 따라 다르겠지만, 새벽 기도는 여간 힘든 일이 아닙니다. 오늘날처럼 늦게 자는 것이 일반화된 도시문명에서 힘든 새벽 기도회는 한물간 것이 아니냐는 의문도 있습니다. 그러나 오히려 그렇기 때문에 더 필요합니다. 늦게 자는 이유가 무엇입니까? 인터넷, 텔레비전, 영화, 음주 등으로 밤늦도록 잠들지 못하기 때문입니다. 정말 부지런히 불을 밝혀 독서하고 학업에 정진하는 경우는 드물 것입니다. 세상 풍조를 거슬러 올라가는 것이 예수님을 따르는 제자들의 생리이므로 밤의 문화와 싸우기 위해서라도 일찍 자고 일어나 하나님께 예배해야 합니다.

독일의 신학자 본회퍼가 한 말입니다.

새벽 기도는 오늘을 새날로 만드는 비밀입니다.

예수님도 새벽 기도의 달인입니다. 아주 이른 새벽에 일어나 한적한 곳에서 기도하십니다(막 1:35). 그 전날 주님은 틈이 없을 만치 바쁘셨습니다. 갈릴리 해변에서 제자 넷을 부르시고, 회당에서 가르치시며, 더러운 귀신 들린 자를 치유하시고, 곧이어 베드로 장모의 열병을 치유하십니다. 저물어 해질녘에도 온갖 병든 자들을 밤늦도록 고치십니다. 다음 날 아침, 제자들이 찾아와서 "모든 사람이 주를 찾는다"고 할 만큼 인기가 천정부지로 치솟았고, 하실 일이 참 많았습니다. 하나님의 아들인 그분은 그토록 많은 사람이 눈에 불을 켜고 찾아다니는데도 하루 첫 시간을 하나님과 함께 조용하고도 경건하게 보내십니다. 하나님을 만나는 일이 더없이 귀중하기 때문입니다.

시인은 노래합니다. "내가 날이 밝기 전에 부르짖으며 주의 말씀을 바랐사오며 주의 말씀을 조용히 읊조리려고 내가 새벽녘에 눈을 떴나이다"(시 119:147-148). 예수님은 그 시간이 그리도 좋고, 절박하게 필요하셨던 것입니다. 하물며 예수님과 견줄 수조차

없는 우리 죄인들, 다윗에 이르지 못하는 범인들이야 말해 무엇 하겠습니까? 새벽을 깨워서 하나님을 노래하고, 그분에게 하루 일을 소상히 말씀드리고 주님의 뜻을 묻고 시행해야 하지 않겠습니까? 다윗처럼 새벽을 깨워야 하지 않겠습니까?(시 57:8) 집에서 경건의 시간을 보내든, 예배당에서 새벽 기도를 하든 말입니다.

기독대학원생 모임에 참석한 적이 있습니다. 홍익대학교 역사교육과 교수로 일하는 조영헌 교수의 강의였습니다. 기독지성인이란 어떤 존재이고, 무엇을 해야 하는지, 어떻게 준비해야 하는지에 관한 강의안을 보고 저는 두 가지 점에서 놀랐습니다. 하나는 그 분의 마지막 강조가 "새벽 기도"라는 것입니다. '학문과 지성의 공적 담론에 웬 새벽 기도?' 하는 의문이 들었습니다. 다른 하나는 그가 학위를 받고 교수가 된 것이 얼마 전 일이라는 사실입니다. 그런 젊은 분이 다른 것도 아니고 새벽 기도를 강조한다는 것이 특이해 보였습니다.

나중에 그에게 새벽 기도의 유익과 효과는 무엇이었냐고 물어보았습니다. 그의 은혜로운 간증을 정리하면 이렇습니다. 세 가지 유익이 있었다고 합니다. 하나는 꾸준히 새벽 기도를 하니 건강해졌습니다. 기도를 마치고 운동을 한 것도 한 요인일 겁니다.

그러나 새벽 기도의 전제는 전날 일찍 자는 것입니다. 그러니 건강해질 수밖에요. 다른 하나는 시간 관리가 잘된다고 합니다. 새벽 기도 시간을 앞뒤로 계산하면 거의 2시간가량 됩니다. 그걸 보충하려고 시간을 아껴서 사용하게 된 것입니다. 마지막으로 날마다 해야 할 일들을 잘 처리할 수 있게 되었습니다. 이런저런 강연이나 원고 청탁을 받으면 곧바로 결정하지 않고 다음 날 새벽 기도를 드리면서 하나님께 여쭙고, 그런 기도 중에 자신이 할 일인지 아닌지, 욕심인지 아닌지를 분간하게 되었답니다.

그러나 대화 속에서, 특히 대화 말미에서 그가 힘주어 강조한 것을 그대로 옮긴다면,

험한 세상에서 살아남는 법으로 새벽 기도를 드리며 십배합니다. 하나님이 주인이 되므로 그분께 첫 시간과 하루를 드리는 믿음, 나의 하루 일에와 만난 사랑, 해야 할 일의 실체를 결정하는 방도는 내게서 오는 것이 아니라 하나님에게서 온다는, 바로 그런 믿음으로 해야 합니다.

그에게 가치는 개인 예배 자체가 아니라 하나님입니다. 그에

게 하나님은 방법이 아니라 목적입니다. 이렇듯 하나님을 최고의 가치로 삼는 자, 그분을 유일한 목적으로 삼는 자는 매일 아침 하나님을 만나고자 그분께 나아갑니다. 그분을 가장 사랑하기 때문입니다.

"내가 날이 밝기 전에 부르짖으며 주의 말씀을 바랐사오며 주의 말씀을 조용히 읊조리려고 내가 새벽녘에 눈을 떴나이다"(시 119:148).

나눔

1. 왜 예배를 공동으로 함께 드리면서도 개인적으로 홀로 드려야 할까요? 개인 예배의 필요성에 대해 말해 봅시다.

2. 당신은 경건의 시간이나 새벽 기도회 가운데 어떤 방식으로 개인 예배를 드립니까? 그 밖에 자신에게 맞는 개인 예배 형식이 있다면 서로 나누어봅시다.

3. 경건의 시간이나 새벽 기도회가 주는 유익을 각자 말해 봅시다.

4. 첫 시간을 예배로 드리는 데 가장 큰 어려움과 문제는 무엇입니까?

9장 예배의 종류
_공동 예배

둘째는 공동 예배입니다. 홀로 하나님 앞에 나아가 하나님을 만나지만, 그것만으로는 충분하지 않습니다. 우리는 홀로, 그러나 함께하도록 만들어진 존재입니다. 인간은 공동체적 존재입니다. 한자말로 사람을 가리키는 인간(人間)은 문자적으로 "사람 사이에"라는 뜻입니다. 사람이란 사람들 사이에 어울려야 사람입니다. 아담은 개인의 이름이면서 모든 사람을 가리킵니다. 나는 한 사람이지만 모든 사람과 어울려 살아야 하는 존재입니다. 그 누구도 홀로 살 수 없으며, 그렇게 존재하지도 않습니다. 하나님은 "사람이 혼자 사는 것이 좋지 아니"(창 2:18)하다고 판단하셨습니다.

그리스도인은 한 가족이기에 함께 예배합니다. 예수님을 믿는 것은 그저 사적인 일 정도로 여겨서는 안 됩니다. 하나님의 자녀와 그분의 백성이 되는 것입니다. 자녀와 백성은 말 그대로 집단입니다. 무리입니다. 가족입니다. 예로부터 가족을 식구라고 했습니다. 식구는 사전적으로 "한집에서 함께 살면서 끼니를 같이 하는 사람"을 일컫는 말입니다. 밥을 같이 먹어야 한 가족입니다. 그것도 한 식탁에서 같이 먹고 마셔야 합니다. 그래서 한 솥밥 한 식구인 것입니다. 함께 모여 동일한 말씀을 같이 듣고 나누는 것은 우리가 한 가족이기 때문입니다.

그리스도인의 관계는 가족이라는 말보다 훨씬 더 긴밀하게 연결되어 있습니다. 우리는 "몸"입니다. 그리스도의 몸입니다. 그 말은 머리 되신 그리스도께 전일적 지배를 받는 것이 그리스도인이며, 외따로 하나님과 관계하지 않는다는 뜻입니다. 몸의 일부는 그 자체만으로는 결코 독립적으로 존재할 수 없습니다. 유기체입니다. 너 없이 나 못 살고, 나 없이 너 못 사는 것이 유기체의 핵심 원리입니다. 한 몸이기에 함께 예배하는 것은 당연하고 마땅합니다.

그렇다고 홀로 있기 두려워서, 혼자 따로 떨어져 지내는 것이 너무 외롭고 힘들어 누군가가 필요해서 모이는 것이 공동 예배는 아닙니다. 공동체로 도피하면, 끝내 군중 속의 고독이 되고 맙니다. 자신을 잊기 위해 남을 찾다 보면 또 다른 자신을 만나게 됩니다. 자신을 잠시 잊고 탈출하기 위해 만난 상대도 당신과 마찬가지로 자기 자신에게서 도피한 상태이기 때문입니다. 당신이 그에게 요구하는 것을 상대방도 바랄 뿐입니다. 철이 철을 날카롭게 하는 것이 아니라 철끼리 서로 부딪혀 상처를 덧낼 뿐입니다. 순간의 즐거움과 오락을 탐닉한 뒤, 연극이 끝난 뒤에는 더한 외로움에 울게 될 것입니다.

그래서 우리는 홀로 있는 법을 배우지 않고서는 함께 예배할 수 없습니다. 그 반대도 마찬가지입니다. 함께 예배하는 자만이 홀로 있을 수 있습니다. 개인 예배 없이 공동 예배만 쫓아다니는 사람은 갈수록 마음이 텅 비어 더욱 허전함을 느낄 것입니다. 공동 예배 없이 개인 예배만 좋아하는 사람은 마음이 자아로 가득 차 허영과 교만에 빠질 것입니다. 공동 예배와 개인 예배는 둘이 아니라 하나입니다. 동전의 양면과 같으며 균형을 이루어야 합니다.

공동 예배의 대명사는 주일예배입니다. 그리스도인이든, 비그리스도인이든 꼬박꼬박 주일예배에 빠지지 않는 것을 상당히 부담스러워합니다. 사실 자신에게 주어진 7일 가운데 하루를 온전히 떼어내 예배하기란 여간 어려운 일이 아닙니다. 철저한 포기와 헌신이 필요합니다. 시간을 돈으로 환산하는 이 시대에 황금 같은 시간을 정기적으로 예배하는 데 사용하는 것은 이 시대의 경제관념과 시간관념으로 보면 어리석어 보입니다.

다른 동양 종교와 우리네 기독교 신앙의 차이점 가운데 하나는 우리가 단체 예배를 강조한다는 것입니다. 우리의 모범인 예수님 때문입니다. 예수님은 안식일이면 회당에 들어가 늘 예배를 드렸습니다. "예수께서 그 자라나신 곳 나사렛에 이르사 안식일에 자기 규례대로 회당에 들어가사 성경을 읽으려고 서시매"(눅 4:16, 개역한글). 여기서 주목을 끄는 말은 "자기 규례대로"입니다. 이 말은 "늘 하시던 대로"(새번역) 또는 "그분의 습관"(His custom)이라는 뜻입니다. 예수님께 주일예배는 몸에 밴 습관입니다. 바울은 예수님을 본받은 제자입니다. 그도 "자기의 규례대로 저희에게로 들어가서 세 안식일에 성경을 가지고 강론"(행 17:2, 개역한글)하였습니다.

그렇다면 함께 예배하는 것은 받아들이더라도 왜 굳이 주일에 모여 예배해야 하는 걸까요? 창세기에서 주일은 "안식하는 날"입니다. 6일 동안 고된 노동을 하고 쉬신 하나님은 모든 피조물에게도 쉼의 시간을 허락하십니다. 사실 전능하신 하나님께서는 굳이 쉬실 만한 아무런 이유가 없습니다. 그런데도 쉬신 것은 인간을 포함한 모든 피조물을 위해서입니다. 일주일에 하루 쉬는 것이 신체적, 정신적, 영적 건강에 얼마나 유익한지는 익히 잘 알려져 있습니다.

신약에서 주일은 "부활의 날"입니다. 예수님이 부활하신 날을 기념하고 기억하는 날입니다. 함께 모여 지난 엿새간의 삶을 나누고 부활의 능력과 은총을 덧입는 날입니다. 절망에 지쳐 터벅터벅 엠마오로 가던 두 사람이 부활한 예수님을 만나자 희망과 환희에 넘쳐 새 힘을 얻습니다. 이 세상에서 죽음보다 강한 것은 없는 줄 알았는데, 예수님의 부활로 죽음의 권세가 순식간에 무너져버렸습니다. 주일예배를 통해 우리 모두 그 은혜를 선물로 받습니다. 주일에는 그 은혜에 동참하는 시간입니다.

인디언은 말을 타고 먼 길을 단숨에 달려가는 법이 없습니다. 얼마간 달리다가 반드시 말에서 내려 쉽니다. 자기가 달려온 길을 돌아보며 사색에 잠깁니다. 그러고는 다시 말에 올라 길을 재촉합니다. 너무 빨리 달리면 자기 영혼이 미처 따라오지 못하기 때문입니다. 너무 빨리 달리려고 하지 마세요. 하루를 하나님께 드리세요. 영혼과 마음이 쉼을 얻고 새 힘을 얻는 그 하루는 더없이 중요합니다.

우리가 일주일 가운데 하루만이라도 노동을 그치고 예배하기 위해 모이는 것은 자신과 세상을 향해 내 인생에서 가장 소중한 것이 돈이 아니라 하나님이라고 선포하는 것입니다. 일주일을 한 단위로 생각할 때, 내가 해야 할 많은 일 가운데, 내게 주어진 허다한 역할 가운데 그 어떤 것도 하나님을 만나는 것에 우선하는 가치는 없다는 사실을 온 천하에 공개하는 것입니다. 노동한 대가로 받는 돈보다 더욱 의미 있는 것이 하나님이기에 아까워하지 않고 공동으로 예배합니다.

공동으로 예배하지 않고 나 홀로 집에 있는 것은 주님의 안식을 제대로 누리지 못하고 부활의 환희를 맛보지 못하며 이 세상이나 세상 것을 가치 있게 여기는 행동입니다. 내게 주어진 시간 가운데 하나님을 만나는 것이 가장 중요하다는 사실을 새삼 확인하고 점검해야 합니다. 안식을 누리고 부활의 새 아침으로 일주일을 시작해야 합니다. 모든 그리스도인은 한 몸, 한 가족, 한 식구입니다. 그것은 혼자 힘으로는 가능하지 않습니다.

우리는 규칙적이고 정기적으로 모여 예배해야 합니다. 모임을 쉬고 싶은 이기심과 모임 자체를 없애려는 불순한 이들의 습관에 저항해야 합니다. 하나님은 우리에게 명령하십니다. "어떤 사람들의 습관처럼 우리는 모이기를 그만하지 말고, 서로 격려하여 그 날이 가까워오는 것을 볼수록 더욱 힘써 모입시다"(히 10:25, 새번역).

나눔

1. 나 혼자 편하게 예배드리는 것으로 만족하지 않고 굳이 같은 시간, 같은 장소에 모여 예배해야 하는 이유는 무엇입니까?

2. 텔레비전, 라디오, 인터넷으로 듣는 설교와 예배는 개인 예배의 일환입니까, 아니면 공동 예배의 대체입니까? 각자 생각을 말해 봅시다.

3. 안식의 여유와 부활의 기쁨을 누리기 위해 우리는 함께 예배합니다. 그것과 규칙적인 공동 예배는 어떻게 연결되는지 말해 봅시다.

10장 예배의 종류
_생활 예배

셋째는 생활 예배입니다. 홀로 드리는 개인 예배와 함께하는 공동 예배가 있다고 했습니다. 개인 예배 장소가 골방이고 공동 예배 처소가 예배당이라면, 생활 예배 장소는 직장입니다. 개인 예배는 새벽에 드린다면, 생활 예배는 한낮에 드립니다. 공동 예배는 주일에 드린다면, 생활 예배는 평일 모든 활동을 드리는 예배입니다. 하루를 개인 예배로 시작하여 생활 예배로 한 날을 보냅니다. 한 주를 공동 예배로 시작하고 나머지 엿새는 생활 예배로 가득 메워집니다.

비그리스도인은 우리를 향해 교회에서는 경건해 보이고 교회

일에는 열심이지만 실제 삶 속에서 하는 행동은 전혀 예수님의 제자답지 않다고 비난합니다. 사실 남들이 뭐라고 하지 않아도 우리 스스로 겪는 내적 고민입니다. 교회생활과 사회나 가정생활의 모습이 마치 야누스와 같습니다. 지킬 박사와 하이드가 따로 없습니다. 두 얼굴의 사나이가 멀리 있지 않습니다. 우리는, 그리고 나는 왜 이런 걸까요?

교회 일은 거룩하게 여기고, 다른 것은 불결까지는 아니더라도 사소한 일로 축소하는 경향을 열정적인 그리스도인들에게서 종종 발견합니다. 제가 목사가 된 이유도 그런 생각과 무관하지 않습니다. 중학생 시절, 은혜 가운데 예수님을 영접하고 주를 위해 살고픈 소망이 생겼습니다. 그래서 별다른 고민 없이 내린 결론이 "신학교"입니다. 어리고 미숙해서 그랬는지 모르지만, 제게 딱히 떠오르는 대안이 없었습니다. 은혜 받으면 신학교 가서 목사가 되는 것이 거의 유일한 선택이었습니다.

그러나 주 안에서 거룩한 일과 그렇지 않은 일을 구분하는 것은 불가능하고 잘못된 일입니다. 모든 일이 주님의 일입니다. 실은 목회는 성직이 아닙니다. 성직(聖職)이라는 말은 천직(賤職)이 없으면 존재하지 않습니다. 목회가 거룩한 직업이라고 한다면 다른 직업은 거룩하지 못한 속되고 천한 직업이라는 게 됩니다. 따라서 목사는 성직자라고 하면 안 되고, 그냥 목회자라고 해야 마땅합니다. 다만 어느 일이나 주님 안에서 거룩하지 않은 일이 없습니다. 그런 의미에서 목회가 성직이 될 수 있고, 그런 맥락에서 평신도가 하는 일도 성직입니다. 하나님은 교회 안에 계시지만, 세상 한복판에도 존재하십니다. 그분은 하늘과 땅, 눈에 보이는 것과 보이지 않는 것 모두의 주인이십니다. 믿음과 행함을 두부 자르듯 반듯하게 구별할 수 없듯이, 그리고 그것이 허탄한 일이듯이(약 2:20) 한 분 하나님 안에서 행하는 모든 일은 주의 일입니다.

사도 바울은 이 사상을 명확히 가르칩니다. 그는 골로새 교회 성도들에게 이렇게 권면합니다.

종은 노예입니다. 사람다운 대접을 받지 못하는 사람입니다. 바울은 그런 그들에게 주인이 요구하는 모든 일에 복종하라고 합니다. 그래서 니체는 기독교가 노예의 미덕을 자유인에게 강요한다고 비난합니다. 그러나 그렇지 않습니다. 주께 하듯 복종하라는 것은 신앙이요, 의지입니다. 당시 노예는 그런 자유의지를 결코 상상할 수 없는 존재입니다. 그런 그들에게 복종을 선택하라고 말한 것은 노예를 자유인으로 여겼다는 뜻입니다.

노예가 하는 일은 그리 대수롭지 않습니다. 이른바 시시껄렁한 일들뿐입니다. 예를 들면 목욕물 긷기, 주인 등에 있을 때 밀어주기, 집 지키기, 장작 패기, 심부름하기 따위입니다. 누가 이런 일을 주의 일이라고 하겠습니까? 설교하고, 기도하고, 예배하는 영적인 일로 보이지 않습니다. 이런 일은 사회적으로 가치 있는 일로도 여기지 않습니다. 천한 신분을 가진 사람이 하는 보잘것없는 일입니다. 누구라도 썩 내켜하지 않는 일입니다.

게다가 지존하신 주님의 명령이라면 이사야처럼 "주님, 제가 여기 있습니다. 제가 하겠습니다"라고 하겠지만 그런 것도 아닙니다. 육신의 주인, 곧 노예주가 시키는 일입니다. 어쩌면 주인은 악덕 노예주일 수도 있습니다. 불신자일 수도 있습니다. 아니면 같은 신앙 공동체에 있는 지체일 수도 있습니다. 그가 누구든 간에 주께 하듯 철저히 순종해야 합니다. 이 말은 주께 순종하는 만큼 주인에게 순종한다는 뜻입니다.

이렇게 행해야 하는 단 한 가지 이유는 우리가 그리스도를 섬기는 이들이기 때문입니다. 여기서 섬긴다는 것은 공동 예배로서의 예배는 아니지만, 생활 자체가 하나님을 섬기는 것, 곧 예배라는 것을 함축합니다. 하나님은 모든 곳에 임재하시며, 모든 일의 주재자이십니다. 우리가 하는 일의 최종 주인은 나 자신도, CEO도 아닙니다. 하나님입니다. 결국 우리가 있는 모든 곳이 예배 장소고, 우리가 하는 모든 일이 하나님을 예배하는 찬미입니다. 예배의 눈금으로 보면, 예배 아닌 일이 없고 예배당 아닌 곳이 없습니다.

그러니까 우리 몸으로 하는 모든 것, 아니 더 엄밀히 말해서 몸 자체가 예배입니다. "형제자매 여러분, 그러므로 나는 하나님의 자비하심을 힘입어 여러분에게 권합니다. 여러분의 몸을 하나님께서 기뻐하실 거룩한 산 제물로 드리십시오. 이것이 여러분이 드릴 합당한 예배입니다"(롬 12:1, 새번역). 종교적 활동과 비종교적 활동, 일상과 거룩을 구분하여 우열을 가르고, 어느 하나가 다른 하나 위에 군림하는 것은 하나님 나라의 방정식이 결코 아닙니다.

그러기에 바울은 눈가림으로 하지 말라고 합니다. 주인이 있을 때는 열심히 하는 척하다가 주인이 없으면 마음껏 노는 이중적 모습은 일을 대하는 그리스도인의 자세가 아닙니다. 바로 가인이 그랬습니다. 하나님은 아벨의 제사는 받으셨지만, 가인의 제사는 거부했습니다. 낯빛이 변한 그에게 하나님은 말씀하십니다. "네가 선을 행하면 어찌 낯을 들지 못하겠느냐?"(창 4:7) 예배 자체는 문제가 없었습니다. 다시 말해 예배의 외양과 형식에는 아무 잘못이 없었습니다.

주님 말씀에 비추어보면, 가인은 그럴 듯하게 예배를 드렸는지 몰라도 생활은 엉망이었습니다. 죄악으로 가득 찬 나날을 보냈습니다. 그리고 자기 죄를 가리는 수단으로 예배를 선택했습니다. 하나님께 드리는 예물은 뇌물이 되었습니다. 죄를 용서하시는 은혜에 감읍해서 드리는 감사 예물이 아니라, 죄를 용서받기 위해 갖다 바치는 뇌물이었습니다. 이렇게 예배를 잘 드리니 눈 감아달라는 거지요.

가인처럼 살면서 아벨처럼 예배할 수는 없습니다. 생활이 예배가 되지 않는다면, 우리가 드리는 주일예배도 예배일 수 없습니다. 하여 우리는 날마다 예배해야 합니다. 제가 존경해 마지않는 A. W. 토저의 글을 인용할까 합니다. "하나님을 월요일에 예배할 수 없다면, 주일에도 예배한 것이 아니다. 하나님을 토요일에 예배하지 않는다면, 주일에 하나님을 예배할 준비를 다하지 못한 것이다. 생활 전체와 유리된 예배는 예배가 아니다."

예배란 세상살이에서 가장 가치 있는 것이 다름 아닌 하나님이라는 사실을 인정하고 그분을 높이는 것입니다. 우리가 드려야 할 예배는 비단 교회 안에서, 그것도 특정한 시간에만 이루어지는 것이 아닙니다. 따라서 우리 삶에 예배 아닌 것이 없습니다. 세상에 하나님이 창조하지 않은 것이 없고, 그분이 다스리지 않는 영역이 한 치라도 없는 한, 우리 몸으로 하는 모든 것, 즉 밥 먹고, 일하고, 심지어 화장실 가는 것까지도 하나님과 무관하지 않습니다. 넓은 의미에서 모두 예배입니다.

「하나님의 임재 연습」으로 잘 알려진 수도사 로렌스의 임종 이야기입니다. 누군가가 그에게 물었습니다. "당신은 지금 무엇을 하고 있습니까?" 그러자 로렌스는 이렇게 대답합니다. "내가 지난 40년 동안 해온 일을 하고 있습니다. 나는 앞으로도 영원히 이 일을 할 겁니다." 물었던 사람이 궁금하게 여겨 다시 묻습니다. "그것이 무엇입니까?" 일평생 수도원에서 접시를 닦으면서도 하나님의 임재 안에 거한 로렌스가 말합니다. "하나님을 예배하는 것입니다." 예배 아닌 것이 없습니다.

우리는 주일에 드리는 공동 예배를 생활 예배보다 더 잘 드릴 수는 없습니다. 바꿔 말하자면, 생활한 만큼 예배합니다. 그러고 보면 서두에서 종교적인 교회 예배는 잘 드리는데 비종교적인 생활 예배는 잘 못한다고 한 말은 적절하지 않습니다. 어느 정도 편차는 있을 수 있지만, 전체적으로는 둘 다 잘하거나 못하는 것입니다. 힘을 내라는 말씀으로 이 장을 마칩니다. 바울은 이런 생활 예배에 상이 있다고 확언합니다. 너나없이 모두 주님에게 그 상을 듬뿍 받길 희망합니다.

나눔

1. 개인 예배, 공동 예배, 생활 예배를 비교해 보고 한 사람이 대표로 설명해 봅시다.

2. 생활 자체가 예배라는 인식을 하면서 지내고 있습니까? 직업이나 공부도 예배라는 것에 동의합니까? 직장이나 학교에서 성경을 읽고 기도하거나 모임을 만드는 것 등은 생활 예배와 어떤 연관이 있는지 말해 봅시다.

3. 직장이나 학교에서 내가 마땅히 해야 할 일인데도 관심을 끌지 못하거나 귀찮은 일로 여겨서 소홀히 다룬 것은 없습니까? 내가 최선을 다해야 할 영역은 무엇입니까?

4. 저자는 "가인처럼 살면서 아벨처럼 예배할 수는 없다"(117쪽)고 말합니다. 일터나 사회에서 관행이라는 이름으로 하는 일은 없는지, 있다면 어떤 것인지 토론해 봅시다.

11장 예배의 종류
_가정 예배

어느 책에 보니 목회자가 해야 할 일이 무려 80가지가 넘습니다. 그중에 뭐니 뭐니 해도 설교가 가장 우선적인 사역임이 틀림없습니다. 목회자를 설교자라고 고쳐 불러도 잘못이 아닐 것입니다. 목사가 준비해야 할 세 가지가 있는데 순교, 이사, 설교입니다. 순교할 준비, 이사 갈 준비, 설교할 준비를 늘 하고 있으라는 것입니다.

그런 목사에게 가장 힘든 것이 무엇이냐고 물으면 대개 자신이 설교한 대로 살지 못하는 것이라고 대답합니다. 아마 자신이 살아낸 만큼 설교하라고 하면 다른 분들은 그럭저럭 설교할 수 있을 테지만, 저는 전혀 "아니올시다"입니다. 한때 이것이 저 혼자만의 문제라고 생각한 적이 있습니다. 그러나 언젠가 우리 교회와 이웃한 한 교회 목사님이 이런 고민을 토로하시며 쓴 글을 읽고 모든 목사의 고민이라는 사실을 알고 나서 적잖이 위로를 받았습니다.

무슨 얘기를 하려고 에둘러 가느냐 하면, 바로 가정 예배입니다. 가정 예배는 우리가 드려야 할 넷째 예배이자 최종적인 예배입니다. 넷째는 매긴 순서를, 최종은 가장 중요하다는 뜻입니다. 그만큼 가장 힘들다는 뜻도 됩니다. 생활 예배가 가장 힘들지 않느냐고 반문하겠지만, 그렇지 않습니다. 예전에 섬기던 어느 교회에서 있었던 일입니다. 교회와 가정에서 독불장군이던 성도가 있었습니다. 직장에서도 그렇게 하느냐고 물으니, 목구멍이 포도청이라 직장에서는 굉장히 친절하다는 겁니다. 가정에서는 자신을 숨길 수 없습니다.

목회자가 되어 힘든 설교 가운데 하나가 가정 설교입니다. 가정생활에 대해 성경적으로 전달하는 일은 그다지 어렵지 않습니다. 성경적으로 사는 게 몇 배 어렵습니다. 가족 얼굴에 제가 가정에서 한 행동이 그대로 쓰여 있습니다. 어느 성도 집에서 심방예배를 드리다가 생긴 일이라고 합니다. 그냥 성경 가져오라고 하면 그만인데, 목사님께 인정받고픈 마음에 그 성도가 "얘, 엄마가 늘 보던 책 가져오너라"라고 했답니다. 그런데 아들이 가져온 책은 홈 쇼핑 책이라니, 이를 어쩌면 좋습니까? 감출 수 없습니다.

그러나 본인의 경건과 상관없이 가정의 영적 환경이 나쁠 수도 있습니다. 예를 들면 엘리 제사장과 사무엘은 본인의 영성과 상관없이 자녀들이 엇나갔습니다. 몸이 비둔하고 눈이 잘 안 보였다는 엘리 제사장의 모습은 그의 영혼 상태를 암시하는 말일 수도 있으나, 기도하는 한나에게 행한 것이나 하나님의 궤를 잃어버린 다음에 충격을 받고 쓰러져 죽은 것을 보면 아들들처럼 불량한 제사장은 아닌 듯합니다. 그래도 제자 하나 잘 두었는데, 그가 바로 사무엘입니다.

그러나 사무엘도 무의식중에 스승을 보고 배웠는지 자녀 교육에 실패했습니다. 이스라엘은 왕이 없는 12지파 동맹이었는데 주변 정세를 보니 강력한 왕권국가가 필요했습니다. 백성이 왕을 구하면서 "보소서, 당신은 늙고 당신의 아들들은 당신의 행위를 따르지 아니하니"(삼상 8:5)라고 합니다. 아버지와 달리 사무엘의 아들들은 "돈벌이에만 정신이 팔려, 뇌물을 받고서, 치우치게 재판을 하였[던]" 것입니다(삼상 8:3, 새번역). 자식만은 제 뜻대로 안 되는 모양입니다. 사무엘에게서 그런 자녀가 나오는 걸 보면 말입니다.

바울은 어둠의 시대에 빛의 자녀답게 사는 것이란 술에 취하는 것, 곧 세상의 정신에 사로잡히지 않고 거룩한 영이 충만한 것이라고 합니다. 그러나 성령 충만은 시쳇말로 하나님의 뜻만큼이나 애매모호하기 그지없는 단어입니다. 흔히 감정의 고조와 고양을 성령 충만으로 착각하기 쉬운데, 에베소서에서 바울은 참으로 쉽게 성령 충만을 분별하는 방법을 알려줍니다. 먼저 하나님을 노래하고 찬송하는 것입니다. 다시 말해 예배입니다. 그 다음은 가정입니다. 아내, 남편, 부모, 자녀의 관계 속에서 성령 충만한 상태를 볼 수 있습니다.

나의 성령 충만 여부는 가족이 인정해야 진짜라는 것입니다. 아내는 주님이 하나님에게 그런 것처럼 남편에게 순종하고, 남편은 마치 주님이 목숨을 버린 만큼 교회를 사랑하듯 아내를 사랑하는 것이 성령 충만입니다. 성령으로 충만하다면 자녀는 응당 하늘 아버지에게 하듯이 공손히 부모를 공경할 것입니다. 부모 또한 마찬가지입니다. 주님이 못된 우리를 끝까지 기다리고 인내하셨듯이 그런 주의 교양과 훈계로 자녀를 대해야 마땅합니다. 성령 충만하다면 말입니다.

이것이 비공식적인 형태의 가정 예배라면 형식을 갖춘 예배도 있습니다. 손과 발로 드리는 예배가 비공식적이라면, 입과 말로 드리는 예배는 공식적 예배입니다. 시간과 격식을 갖추어서 드리는 가정 예배도 마찬가지입니다. 한번은 아는 집사님이 제게 전화를 했습니다. 올해부터 가정 예배를 드리기로 했는데 막상 시작하려고 하니 어떻게 해야 할지 모르겠다고요. 형식이나 방식, 순서를 가르쳐달라고 합니다.

모든 상황에 맞는 규칙이란 없습니다. 특히 자녀 연령대에 따라 예배 형태나 모양이 다를 수밖에 없습니다. 그러니 각 가정 형편에 맞게, 그러나 격식에 구애받지 말고 창조적으로 예배를 드리는 방법을 모색해야 합니다. 예를 들어 아이들이 어리다면 노래자랑을 할 수도 있고, 부모나 자녀에게 편지를 쓰는 시간을 마련해도 좋습니다. 그리고 자녀가 좋아하는 음식을 나누는 것도 좋습니다. 마르바 던이 평소에 검소한 생활을 배우고 안식일의 즐거움을 배가하는 방법으로 추천한 것인데, 적용해 볼 만합니다.

다른 어떤 예배보다 인격적이고 친밀한 예배가 가정 예배인 만큼 지나치게 격식을 따지거나 형식에 속박되지 않아도 됩니다. 가장 간단하고 기본적인 틀은 먼저 찬양을 하는 것입니다. 물론 온 가족, 특히 자녀들이 좋아하는 곡으로 선정합니다. 그 다음은 기도를 드립니다. 기도는 순서를 정해서 하는 것이 좋습니다. 아니면 좋은 기도문을 사용해도 괜찮습니다. 김영봉 목사님의 「사귐의 기도를 위한 기도선집」을 보면 활용할 수 있는 기도문이 많습니다.

그 다음은 설교입니다. 인도하는 부모로서는 곤혹스러운 대목일 겁니다. 설교 훈련을 받아본 일도 없는데다 준비하기도 쉽지 않고, 가족 앞에서 설교랍시고 할라치면 여간 어색하지 않습니다. 방법이 전혀 없지는 않습니다. 가정 예배 때마다 성서를 순서대로 한두 장씩 함께 읽는 것입니다. 〈매일성경〉에서 그날 본문을 같이 읽는 것도 좋습니다. 주일예배 때 목사님 설교를 잘 적어두었다가 간단히 전할 수도 있습니다. QT나 기도 나눔도 한 방법입니다. 미리 편지를 써두었다가 설교 대신 낭독해도 좋고요.

그런 다음 찬양을 부르고 기도합니다. 이때 가정과 각자를 위한 기도는 물론 교회와 이웃, 나라, 전쟁과 폭력, 기아로 고통당하는 세계를 위한 기도도 빼놓아서는 안 됩니다. 함께 기도하고, 마무리 기도는 부모가 하거나 돌아가면서 해도 좋습니다. 마지막은 그 기도로 마쳐도 되고, 주기도문을 암송해도 됩니다. 찬양을 해도 좋습니다. 중보기도를 할 때는 손을 잡고, 가족 기도를 할 때는 부모가 자녀의 머리나 어깨에 손을 얹고 기도하십시오. 물론 가슴에 꼭 안고 기도하신다면 더 좋겠지요.

날마다 드리지 않고 일주일에 한 번 정도 드린다면, 가족과 대화를 하는 것도 참 좋습니다. 이때는 단 한 가지만 주의하면 됩니다. 부모가 이 시간을 이용해서 그동안 못한 잔소리를 한다거나, 자녀가 부모에게 요구사항을 토로해서는 안 됩니다. 자기 하고 싶은 말을 하는 데 예배와 성서를 활용하는 것은 지극히 위험합니다. 자녀가 신앙과 예배를 불신하게 만드는 지름길입니다. 칭찬과 격려, 사랑과 긍정의 언어를 사용해야 합니다.

그러나 때로 경계하고 요구할 수 있습니다. 그럴 경우 약간의 지혜를 짜야 합니다. 유대인처럼 촛불을 사용하는 것도 좋습니다. 자녀에게, 그리고 부모에게 꼭 하고 싶지만 대면해서는 하기 힘든 말이 있다면 편지를 써서 촛불 아래서 읽는 방법을 통해 지혜롭게 마음을 전달할 수 있습니다. 그럴 때, 부모는 자녀의 말을 배려하고 따뜻한 마음으로 품어주어야 합니다. 그렇게 된다면 가정 예배가 억지로 해야 할 무엇이 아니라 고단한 일과를 그치고 안식하는 시간이자 향연이 될 것입니다.

가정 예배를 통해 가족 해체 시대를 거꾸로 올라가는 성령 충만한 가정, 늘 노래가 들리는 가정이 되길 기도합니다. 그런 가정의 모습을 담은 아름다운 찬양을 부르고 싶습니다.

1. 사철에 봄바람 불어 있고 하나님 아버지 모셨으니
믿음의 반석도 든든하다. 우리 집 즐거운 동산이라.

2. 어버이 우리를 고이시고 동기들 사랑에 뭉쳐 있고
기쁘나 슬픔도 같이하니 한 간의 초가도 천국이라.

3. 아침과 저녁에 수고하며 기쁨이 가득한 온 식구가
한 상에 둘러서 먹고 마셔 여기가 우리의 낙원이라.

고마워라 임마누엘, 예수만 섬기는 우리 집.
고마워라 임마누엘, 복되고 즐거운 하루하루.[9]

나눔

1. 가정 예배를 드리고 있습니까? 가정 예배를 드리고 있는 사람은 유익과 문제를, 그렇지 못한 사람은 가정 예배를 드리지 못하는 이유를 말해 봅시다.

2. 사무엘처럼 가정과 자녀 양육에 그리 성공적이지 못해도 훌륭한 그리스도인이 될 수 있습니다. 그런데도 가정 예배가 가장 힘들고, 그만큼 중요하다는 저자의 주장에 대해 토론해 봅시다.

3. 가정 예배는 형편과 상황에 따라 자유롭게 드릴 수 있습니다. 순서와 형식을 바꾸고, 가족이 모두 참여할 수 있도록 계획하고 실행해 봅시다.

3부 예배의 적용

12장 무엇을 예배하는가
_하나님 vs. 맘몬

예배 대상은 다름 아닌 하나님입니다. 그분만이 예배 받을 지상 최고의 가치입니다. 그러나 우리는 하나님이 아닌 것을 예배하기도 합니다. 바울은 썩지 않을 하나님의 영광을 썩어 사라질 버러지의 형상으로 변질시켰다고 합니다(롬 1:23). 모름지기 인간은 하나님이 아닌 것을 하나님으로 숭배하거나 하나님을 하나님 아닌 것으로 격하시킵니다. 전자가 물질의 물신화라면, 후자는 하나님의 물상화입니다. 하나는 물질을 신격화하는 것이고, 다른 하나는 신을 물질화하는 것입니다. 모두 우상 숭배입니다.

그러면 인간이 하나님의 영광을 찬탈하여 지존한 가치로 존숭

(尊崇)하는 것은 무엇일까요? 눈치 챘겠지만, 바로 돈입니다. 성서에서 돈을 가리키는 단어 "맘몬"(Mammon)은 화폐 이름인 동시에 신의 이름입니다. 돈은 그냥 돈이 아닙니다. 단순한 경제 수단도 아닙니다. 돈은 신입니다. 돈은 하나님을 제치고 인간과 세상에서 최고 자리를 차지하고자 합니다. 돈은 인간에게 배타적인 경배를 받고 싶어합니다. 애초에 하나님과 돈 사이에 양다리를 걸치는 일은 있을 수 없습니다.

돈의 메커니즘에는 그것을 신으로 숭상하지 않으면 안 되게 하는 강력한 힘이 있습니다. 그래서 하나님과 돈을 동시에 사랑할 수는 없습니다. 그것은 형용모순입니다. 주님은 경고합니다. "아무도 두 주인을 섬기지 못한다. 한쪽을 미워하고 다른 쪽을 사랑하거나, 한쪽을 중히 여기고 다른 쪽을 업신여길 것이다. 너희는 하나님과 재물을 아울러 섬길 수 없다"(마 6:24, 새번역). 둘 중 하나를 선택하지 않는 한, 그것도 하나님을 선택하지 않는 한, 우리가 드리는 예배는 예배가 아닙니다.

이러한 돈의 종교적 성격에 대해 존 화이트는 이렇게 말합니다. 여기서 "그놈"은 물질만능주의를 가리키는 금송아지를 말합니다.

> 우리가 그놈을 철저히 숭배하지 않는 것을 불만스럽게 여긴다.
> 그놈은 우리 하나님을 저구려 상화원에서 할인가로 매매되는
> 상품으로 만들려고 한다. 또한 하나님의 백성을 신원신 쉬로 만
> 들어버리려고 한다. 여기서 신원신 쉬가 된다는 말은 '농모의
> 미신적·기계적 추종자들'이 되도록 프로그램화된다는 의미
> 다.

 돈이 세상에서 왕 노릇합니다. 어느 경제학자는 현대는 신이 죽은 사회지만, 돈이라는 신만은 팔팔하게 살아 있다고 했습니다. 자본주의(capitalism)도 돈이 최고라고 주장하는 이데올로기입니다. "capital"은 수도, 자본, 최고 등을 뜻합니다. 즉 자본주의는 돈이면 안 되는 것이 없는, 돈이 최고인 사회입니다. 물론 그것은 착각입니다. 돈으로 침대는 살 수 있어도 수면은 살 수 없습니다. 돈으로 집(house)은 살 수 있어도 가정(home)은 살 수 없습니다.

 그런데 세상처럼 교회에서도 돈이 대장 행세를 합니다. 목사가 CEO와 다르지 않다는 말이 식상할 정도입니다. 하기야 예수님까지 최고 경영자로 치켜세우는 마당에 목사에 대해서는 말해 무엇 하겠습니까? 토저는 하나님 방법을 거스르는 인간적 방법 세

가지 가운데 하나로 "대기업 운영 방법"을 말합니다. 그럴 수밖에 없지요. 예수와 목사를 도매금으로 CEO로 간주하는 마당에 교회는 당연히 기업이지요.

돈이 교회의 권좌와 예배의 중심을 차지한 증거는 너무 많아서 일일이 나열하기 어려울 지경입니다. 토저는 예배가 쇼로 전락한 요즈음 상황을 탄식합니다. 예배가 사람을 즐겁게 하는 오락거리가 되었습니다. 눈과 귀를 즐겁게 하는 온갖 프로그램과 연예인을 동원하여 많은 사람에게 인기를 얻기 위해 애쓰는 것은 보기 민망합니다. 그는 이런 전도 전략과 예배 방식을 "위티즈 접근법"이라고 부릅니다. 위티즈(Wheaties)란 시리얼 제품 이름인데, 이 제품은 유명한 운동선수나 연예인이 좋아하니 좋은 것이라고 선전합니다.

토저가 보기에 교회에도 이런 예배가 유행합니다. 인기 있는 연예인이 예수를 믿으니 기독교는 진리임이 틀림없고, 유명 정치인이 예수님을 영접했으니 믿을 만하고, 실력 있는 운동선수가 저렇게 열심히 신앙생활을 하니 그렇게 해야 하지 않겠느냐고 은연중에 말하는 간증이 그러합니다. 우리 경우, 사회에 익히 잘 알려진 유명인이 예배에 참여하면 특별한 대접을 하는 것도 이에 해당

할 것입니다. 처음 방문했다면, 다른 이들과 마찬가지로 환영하면 될 일입니다.

이 방법은 "다름 아닌 그리스도가 이 세상 저명인사들의 유명세에 편승하도록" 만듭니다. 그러나 예수님은 자신을 사람들에게 의탁하시지 않았습니다(요 2:24-25). 이런 예배는 하나님의 가치가 아니라 세상의 가치를 높이는 것입니다. 하나님의 이름이 드러나는 것이 아니라 성공한 사람의 이름이 갈채를 받습니다. 그런 예배는 사람을 하나님 기준에 맞추는 것이 아니라 반대로 하나님을 세상의 잣대에 끼워 넣는 것입니다. 이것이 바로 프로크루스테스의 침대입니다.

토저는 우리 당대의 선지자답게 이런 현상을 강하게 비판합니다. 종교적 쇼입니다. "아무리 좋게 보아도, 그것은 기도와 성령님의 감동을 대신하려는 가련한 시도일 뿐"이고, 최악의 경우 악취 나는 신성모독입니다. 그런데 대부분은 쇼와 오락, 연예가 되어버린 교회와 예배 현실을 보고도 아무런 위험을 감지하지 못하고, 어떠한 문제의식도 느끼지 못합니다. 토저에 따르면 연예 오락은 하나의 신으로 군림 하는 이단 입니다.

이런 현상은 어제 오늘 일이 아닙니다. 단적인 예가 성전 사건입니다. 유일하게 사복음서에 모두 기록된 이 사건은 돈이 성전에서 하나님 대신 왕 노릇하는 현실을 증거합니다. 예수님은 성전이 장사하는 집(요 2:16)이 되는 것을 더 이상 용납지 못하는 선지자의 거룩한 분노를 온몸으로 표출합니다. 강도의 소굴은 기도하는 집과 정확하게 대조됩니다. 본래 성전 예배를 돕기 위해 성전 제물을 매매하고 돈을 바꿔주던 행위가 성전 본래의 기능을 뒤엎은 것입니다.

이런 예수님의 행동을 기록한 사복음서는 다양한 결을 보여줍니다. 거칠게 구분하자면 마가복음과 요한복음은 성전 자체를 부정하고, 마태복음과 누가복음은 성전의 기능을 왜곡시킨 물질주의를 비판합니다. 마가는 기구를 가지고 성전에 다니는 것을 허락지 않았다고 하고 요한은 돈 못지않게 짐승을 성전에서 내모는 것에 초점을 맞추지만, 마태는 예수님이 맹인과 저는 자를 고쳐주신 일을, 누가는 성전에서 가르치신 행위를 보도합니다.

여기서 우리 관심은 성전 안의 맘몬입니다. 교회가 기도하는 신성한 공간이 되기보다 이익을 좇는 시장이 되고, 예배가 신령과 진정으로 드려지기보다 만족과 쾌락을 추구하는 쇼가 된 현실에 환멸을 느끼는 것은 예수님이 과격해서가 아닐 것입니다. 하나님과 교회를 향한 애정과 열정의 분출입니다. 돈을 사랑하는 이들에게 예수님이나 토저의 비판은 그저 과격분자의 소행으로만 보일 것입니다. 그러니 종교적 쇼요 이단이라고 말하는 토저의 비판은 결코 지나치지 않습니다. 이런 경우 주님을 생각하고 사모하는 열정만큼 우리는 분노할 것입니다.

돈 말고도 예배를 변질시키는 목록은 더 있습니다. 토저는 죄의 심각성을 깨닫지 못하고 드리는 속죄 없는 가인의 예배, 자기가 예배하는 대상이 누구인지도 모르고 드리는 사마리아인의 예배, 아름다움에 도취하여 자연을 예배하는 자연 숭배, 또 일각에서 열광하는 종교 음악은 거짓 예배라고 따끔하게 지적합니다. 그는 다른 복음은 없다고 선언한 바울처럼 말합니다. "하나님은 다른 예배는 받지 않으신다."

하나님의 영광을 위한다는 명목으로 드리는 예배가 실상 맘몬을 경배하는 참담한 현실에서 저 역시 비켜서 있지 않습니다. 기독교 신문에 대분짝만 하게 이름이 나오는 일이나 크고 아름다운 예배당, 예배를 돕는 많은 스태프와 고가 장비, 음악과 악기가 부러운 게 사실입니다. 우리 교회와 예배를 하나님이 기뻐하느냐보다는 다른 교회 예배와 비교해서 스스로 초라하게 여긴 적이 많습니다. 내게 물어봅니다. "현실적으로 볼 때 우리는 하나님을 경배하기 위해서가 아니라 우리 체면을 세우고 이름을 날리기 위해 화려한 예배당을 짓고 있지 않은가?"

내 입에는 주님이 있을지라도 내 마음 깊은 곳에는, 우리가 드리는 예배의 정점에는 돈이 자리하고 있습니다. 하나님이 아니라 돈을 최고의 가치로 여기기 때문입니다. 이사야의 말씀이 생각납니다. 선지자의 말을 예수님은 다음과 같이 인용하십니다. "예수께서 그들에게 대답하셨다. 이사야가 너희 같은 위선자들을 두고 적절히 예언하였다. 이렇게 기록되어 있다. 이 백성은 입술로는 나를 공경해도, 마음은 내게서 멀리 떠나 있다. 그들은 사람의 훈계를 교리로 가르치며, 나를 헛되이 예배한다"(막 7:6-7, 새번역).

그러나 돈 자체를 백안시하는 것이 예배일 수는 없습니다. 돈의 가치를 하나님의 가치 아래에 복속시킬 수는 없을까요? 돈은 본질상 신의 자리를 넘보지만, 하나님 앞에서는 피조물일 따름입니다. 그러기에 선합니다. 만약 돈에게 어두운 면만 있다면 그리스도인들이 다루기가 훨씬 쉬웠을 것입니다. 위험한 유혹이기는 하지만, 돈 자체가 악하지는 않습니다. 돈이 가진 악마적 속성을 누구보다도 예리하게 간파하고 비판했던 쟈크 엘룰조차도 돈에 관한 비관주의는 기독교 신앙에서 용납될 수 없다고 말합니다.

돈을 예배하지 않는 삶에 관해서 엘룰의 처방은 현실적입니다. 돈의 영역에서도 제자도를 사는 길을 세 가지로 정리할 수 있습니다. 첫째는 "교육"입니다. 돈이 무엇인지를 알고 가르치는 것입니다. 엘룰은 자녀에게 돈을 교육하라고 말합니다만, 성인도 예외가 아닙니다. 우리는 모두 "돈의 필요성과 거기에 수반되는 악을 동시에 가르쳐주어야" 하고 배워야 합니다. 돈은 절대적인 것이 아니며, 삶을 유지하는 데 유용할 뿐이라는 사실을 말입니다. 돈을 지나치게 좋아하는 것은 돈의 권세에 사로잡히는 것이고, 부정하는 것은 하나님의 승리와 능력을 폄하하는 것입니다.

둘째는 "자족"입니다. 돈에 관해 "기독교적인 유일한 태도는 '자기가 처한 상황에 만족하는' 것"입니다. 이는 돈이 없다고 체념하는 것도 아니고, 돈이 없는 곳으로 도피하는 것도 아닙니다. 하나님으로 만족할 줄 알기 때문입니다. 성 아우구스티누스는 「고백록」에서 하나님 안에 머물기 전에는 안식과 평화를 누릴 수 없다고 했습니다. 마찬가지로 하나님이 없다면 돈이 많고 적음과 상관없이 우리는 만족할 수 없습니다. 최고의 가치이신 하나님이 우리 안에 머물러 계시기에 만족합니다.

다윗이 하나님이 목자인 한, 자신은 어떠한 결핍도, 부족도 없다(시 23:1)고 고백한 것도 마찬가지 이치입니다. 우리는 돈의 지배와 법칙이 아니라 하나님의 지배와 은혜의 법칙 아래 살아가는 하나님의 백성입니다. 그러기에 리처드 포스터 말마따나 "교회라는 공동체 속에서 돈은 아무것도 아니어야" 합니다. 그러므로 단 한 분 하나님으로 만족합니다. 교회의 주인은 하나님입니다.

셋째는 "나눔"입니다. 엘룰만큼 돈의 위험성을 비판한 이가 드물다고 할 정도로 역설과 변증법에 능한 그답게 이런 말을 합니다. "맘몬이 제공하는 것을 이용해야 한다. 그것을 무시하지도 거부하지도 말아야 한다. 그러나 문제는 '어떻게' 다." 그의 대답은 "거저 줌의 행위를 실천" 하라는 것입니다. 누가복음과 사도행전은 다른 어떤 성서보다도 돈과 재물에 관한 사건과 비유가 많습니다. 그곳에서 부자들은 재물에 집착하고, 낭비하고, 축적하는 일에 골몰합니다. 그야말로 돈을 경배합니다. 선한 사마리아 사람처럼, 삭개오처럼, 바나바처럼, 고넬료와 다비다처럼 내게 있는 것으로 구제하는 것이 그리스도를 따르는 제자의 본 모습입니다.

저는 리처드 포스터의 다음 말을 무척 좋아합니다. "돈에 대하여 가장 모독적인 행위, 즉 돈을 주어버려라." 그러면 어떻게, 누구에게 주어야 할까요? 보물을 쌓아두는 방법에 관한 예수님의 말씀을 마태복음 버전과 누가복음 버전으로 비교하면 대답이 나옵니다. 마태는 하늘에 쌓아두라고 합니다(마 6:19-21). 이는 하늘, 곧 하나님을 최우선순위에 두고 살라는 말입니다. 우리의 충성을 재물이 아니라 하나님께 바치라는 것입니다. 돈에 있어서 하나님의 하나님 되심을 공적으로 표현하는 행위가 바로 헌금입니다. 헌금과 관련된 우리의 영적 싸움에 대해서는 4장 "예배는 싸움입니다"에서 말씀드렸습니다.

다른 하나는 구제입니다. 누가복음은 하늘에 쌓아둔다는 것을 구제로 해석합니다. "너희 소유를 팔아서, 자선을 베풀어라. 너희는 자기를 위하여 낡아지지 않는 주머니를 만들고, 하늘에다가 없어지지 않는 재물을 쌓아두어라. 거기에는 도둑이나 좀의 피해가 없다"(눅 12:33, 새번역). 마태가 돈의 주인이 하나님임을 강조했다면, 누가는 돈을 하나님 뜻에 따라 사용해야 한다는 점을 부각시킨 것입니다. 그러기에 누가복음에는 재물로 망한 사람 이야기도 많지만, 그 재물로 하나님과 이웃을 위해 구제한 선한 예도 많이 등장합니다. 엘룰과 포스터가 거저 주라 했고, 예수님은 자선을 베풀라고 명령하십니다. 구제가 하나님의 뜻입니다. 돈을 돈답게 인정하고 사용하는 길입니다.

지난 세기 가장 위대한 신학자인 칼 바르트는 이런 말을 남겼습니다. "당신이 그리스도에 대해 어떻게 생각하느냐를 알면 당신이 누구인지 알 수 있습니다." 우리 세기 최고의 전도자인 빌리 그레이엄은 이런 말을 한 적이 있습니다. "당신이 돈을 어떻게 사용하는지를 말해 주면 나는 당신이 어떤 사람인지 알 수 있습니다." 나는 어떤 사람입니까? 어떤 제자입니까? 무엇을 예배합니까? 하나님입니까, 돈입니까?

나눔

1. 돈은 하나님이 만드신 것이지만 스스로 신이 되고자 하는 우상입니다. 우리 자신과 교회에서 돈을 예배하는 구체적인 모습에는 어떤 것이 있습니까?

2. 각자 교회에서 이른바 "위티즈 접근법"으로 전도하거나 예배하는 사례를 들어봅시다. 교회에서 "위티즈 접근법"을 활용하는 것이 왜 문제입니까? 성서는 이에 대해서 무엇이라고 가르치고 있습니까?

3. 돈이 하나님이 되지 않기 위해 저자가 제안한 "교육", "자족", "나눔", "구제" 가운데 나와 우리 공동체가 할 수 있는 구체적 방안을 토론해 봅시다.

13장 예배냐 공부냐

장년 그리스도인의 예배를 시험하는 것이 "하나님이냐 돈이냐"에 있다면, 청년 그리스도인이 부딪히는 도전은 "예배냐 공부냐"입니다. 돈을 버는 사람이 예배를 돈의 가치로 환산한다면, 그래서 하나님께 예배할 것이냐, 돈 벌러 나갈 것이냐를 고민한다면, 공부하는 학생들은 예배를 공부와 시험의 잣대로 잴 것입니다. 그래서 예배하는 시간 동안 얼마나 공부할 수 있으며, 예배하지 않는 친구들이 얼마나 공부할 것인지를 두고 번민합니다.

예배하기 위해서는 공부를 쉬지 않으면 안 됩니다. 그러나 성공과 성취로 인생을 가늠하는 시대에, 자기 계발을 위해 하루도 아니고 분단위와 초단위로 시간을 쪼개어 효율적으로 사용하라고 강요하는 이때에 예배야말로 시간 낭비가 아니고 무엇입니까? 아프리카 초원의 가젤도 뛰고, 사자도 뛴다고, 우리도 뛰어야 산다면서 왜, 어떻게 뛰어야 하는지는 일러주지도 않고 무작정 뛰라고 다그치는 속도의 시대입니다. 뒤지지 않기 위해서 어디로 가는지도 모르면서 무작정 달려가기도 벅찬데, 절대 가치인 하나님 앞에서 잠시 멈추어 서서 숙고한다는 것은 뒤처진 자의 그럴 듯한 변명쯤으로 여겨지지 않겠습니까?

그런 가치관을 가진 이들에게 예배는 당연히 시간을 허비하는 일입니다. 마르바 던도 그렇다고 말합니다. "세상의 눈으로 보면, 하나님을 예배하는 것은 시간 낭비. 이것은 분명히 고귀한(royal) 시간 낭비지만 그럼에도 틀림없는 시간 낭비다. 사회적 관점에서 보면, 예배에 참석해서 얻는 유익은 전혀 없다." 시간 사용에 관해서 예배드리는 시간은 다른 것에 투자하는 것과 견주어 볼 때 건질 것이 별로 없다는 겁니다.

'예배가 시간 낭비라니?' 이 글을 읽고 제 눈을 의심했습니다. 하늘과 땅의 권세를 가지신 분, 십자가에 달리신 그분의 은총을 덧입고 그 덕으로 사는 자가 어떻게 예배를 시간 낭비라고 말할 수 있습니까? 저자도 이를 인정하는지 "고귀한"이라는 단어에 초점을 맞추었다고 합니다. 제목도 오해할 소지가 다분해서 다른 제목을 검토하다가 결국 "고귀한 시간 낭비"라고 했다고 합니다.

자료에 따르면, 우리나라 사람의 하루 텔레비전 시청 시간은 평균 3시간입니다. 그리고 인터넷 사용 시간은 주당 9.6시간입니다. 아마 청소년이나 대학생이 인터넷을 사용하는 시간은 훨씬 상회할 겁니다. 반면 독서는 주당 3시간을 넘지 않습니다. 하여간에 텔레비전과 인터넷을 합하면 하루에 약 5시간을 사용합니다. 한국인 평균 수명을 대략 80세로 본다면, 16년에 가까운 시간입니다.

한번 생각해 봅시다. 일주일에 텔레비전과 인터넷으로 30여 시간을 사용하는 데 비해, 독서 시간은 10분의 1, 그리고 예배 시간은 주일 낮 예배만 생각할 때 30분의 1을 넘지 않습니다. 설령 예배가 시간 낭비라고 하더라도 텔레비전과 인터넷에 비하면 조족지혈(鳥足之血)일 뿐입니다. 백 번 양보해서 예배는 지루하고 고루할지언정 해롭지는 않지만 그것들은 정말 해롭습니다. 그런데도 예배드리는 시간을 아까워한다면, 더욱 해로운 텔레비전과 인터넷은 아예 담을 쌓아야 하지 않습니까?

텔레비전과 인터넷이 상상력과 사고력을 죽이고, 가족 간의 대화를 없애며, 소비와 탐욕을 조장하고, 성적 욕망과 폭력을 부추긴다는 것은 익히 잘 알려진 사실입니다. 어느 정도 유익한 면이 있는 것이 사실이지만, 그 유해성은 심각합니다. 사용을 제한하고, 거리를 두어야 합니다. 문명과 기술을 원천적으로 부정하자는 뜻은 아닙니다. 그러나 분명한 것은 그것들로 시간을 유용하게 사용하지는 못한다는 사실입니다.

그에 비하면 공부는 훨씬 효율적이고 유익한 일이 틀림없습니다. 학생들이 시험 기간에 공부를 하지 않고 예배한다는 것은 이만저만한 부담이 아닙니다. 부모나 당사자로서 그리 간단치 않은 선택입니다. 한국 사회에서 대학이 지닌 중요성을 익히 아는 터에 시험공부 때문에 예배를 빼먹는 것을 이해 못할 바는 아닙니다. 학원에서도 시험 기간에 맞추어 주일에 강의를 하거나 공부를 하도록 지도하는데, 다른 친구들이 공부하는 것을 뻔히 알면서도 성적 하락을 감수하면서까지 예배한다는 것은 보통의 용기와 결단이 아니고서는 할 수 없습니다.

어느 유명 강사인 목사님의 특강 테이프를 들은 적이 있습니다. 느헤미야의 리더십에 관한 강의로, 기도하는 것이 전략적으로 공부하는 데 큰 도움이 되기 때문에 수험생이면 더 예배해야 하는데 어쩌자고 그 중요한 때에 예배드리지 않느냐는 내용이었습니다. 지혜의 영이요, 지식의 근원 되신 하나님께 기도하는 것이 공부하는 학생에게 더없이 필요한 그때에 예배를 소홀히 하는 것은 어처구니없는 잘못이라고 질타했습니다. 제가 다른 곳에 쓴 것처럼 "기도를 잘하는 사람이 공부도 잘합니다." 다만 기도와 예배를 공부 잘하고 성공하기 위한 수단으로만 여긴다면, 그 끝은 실로 씁쓸할 것입니다.

제 죽마고우 이야기를 하겠습니다. 그 친구는 초등학생 때만 해도 공부를 썩 잘하지 못했습니다. 그런 친구가 신앙생활을 하면서 무섭게 변했습니다. 공부도 열심히 하고, 신앙생활도 타의 모범이 되었습니다. 토요일에는 자정까지만 공부하고 취침합니다. 주일예배와 봉사를 마치고 집에 돌아와서는 음악을 듣거나 독서를 하면서 쉬고, 밤 12시가 지나자마자 공부를 재개합니다. 끝내 독보적인 성적을 거두며 중학교를 졸업했습니다. 그의 마음에는 공부도 중요하지만, 주일 하루는 하나님 안에서 안식하는 날이며 하나님을 만나는 것이 그 무엇과도 바꿀 수 없는 최고 가치라는 사실이 더 중요했던 것입니다.

그러나 예배에 관한 한 우선되어야 할 것, 공부를 중단하고 온전히 예배에 정성을 다해야 하는 까닭은 앞서 말씀드렸듯이 예배가 일의 그침이요, 하나님의 가치에 상응하는 가치를 지녔다는 사실입니다. 다시 말해 부모나 학생 모두 자기 삶에서 최고 가치가 무엇인지는 예배가 먼저인지 공부가 먼저인지에서 판가름 납니다. 공부가 아무리 중요해도 하나님의 가치를 경배하고 자기 영혼을 돌보는 것과는 비교할 수 없습니다.

예배는 세상의 가치 기준과 잣대를 따라 사는 것과 날마다 염려하는 실존으로 사는 것을 단호히 거부하는 것과 맞닿아 있습니다. 그래서 "세상의 가치와 대조되며 공동체 밖 사람들에게 다른 길을 선택할 기회를 줄 수 있는 대안 사회의 한 부분이라는 사실을 인정하는 특별한 시간"이 바로 예배입니다. 자녀들이, 그리고 나 자신이 무엇을 따라 살기를 원하나요? 하나님인가요? 진학인가요? 주님의 말씀으로 제가 대신 대답을 해드리겠습니다. "먼저 그의 나라와 그의 의를 구하라. 그리하면 이 모든 것을 너희에게 더하시리라"(마 6:33).

나눔

1. 공부하기 위해 예배를 드리지 못한 경우나 예배를 위해 공부를 하지 못한 적이 있습니까? 자녀가 시험공부 때문에 주일예배에 참석하지 못하는 것을 묵인하거나 허용한 적이 있습니까?

2. 일주일 동안 텔레비전, 인터넷, 게임 등에 쓰는 시간은 얼마나 됩니까? 그리고 예배와 경건의 시간, 말씀 읽기와 기도 시간에 사용하는 시간은 어느 정도입니까?

3. 하나님과 예배에 우선순위에 두면 저자의 친구처럼 좋은 결과를 얻을 수 있을까요? 그에 따른 불이익이나 손해를 다니엘처럼 감수할 수 있습니까?

14장 예배 찬양에서 주의할 점

한번은 경성대학교 대학원 강의를 마치고 교내 식당에서 대학원생들과 식사를 하며 이런 저런 이야기를 나누었습니다. 그중 한 자매가 제게 찬양예배와 찬양팀과 관련해서 두 가지를 질문했습니다. 하나는 찬양팀원인 한 자매가 스타킹도 신지 않고 다리를 노출한 것을 두고 청년부 내에서 말이 많은데 어떻게 판단해야 하느냐는 것이고, 다른 하나는 찬양을 드릴 때의 감정 표현에 관한 것이었습니다. 때로 공허한 느낌이 든다고 토로하는 친구가 많다고요.

앞 질문에 대한 답은 바울이 고린도 교회에 보낸 첫 편지에서 찾을 수 있습니다. 고린도 교회에서도 여성이 영적으로 자유로워

지고 새롭게 된 신분 표시로 머리를 헤쳐 풀고 예배에 참여하여 기도하고 예언하며 찬양한 모양입니다(고전 11:2-16). 고린도 교회 내 일부에서는 그것이 그리스도 안에서 남자와 여자의 차별이 철폐된 이상 당연한 행동이라고 옹호하고, 다른 한편에서는 여성의 그런 행동은 단정치 못하고 수치스러운 일이라고 반박합니다. 그래서 교회는 현명하게도 바울에게 자문을 구합니다.

이 본문은 해석하기 까다로운 구절이 많습니다. 질문과 관련해서 살펴보면, 바울은 머리를 가리는 것이 타당하다고 말합니다. 그 당시 머리를 덮는 것은 여성됨과 함께 남성보다 열등한 지위를 상징합니다. 그런데도 바울이 머리를 가리라고 한 것은 머리를 풀어 늘어뜨리는 것이 당시 매춘부 모습이나, 다른 종교의 여사제가 엑스터시에 들어갔을 때 모습과 관련되어 있기 때문입니다. 종교적·문화적으로 허용할 수가 없었던 것입니다.

비록 남녀 모두 주 안에서 동등하고 평등하지만, 그 사실을 표현할 때 타인에게 수치감이나 혐오감을 불러일으킨다면 적절치 않다고 말하는 것입니다. 남성도 예외가 아닙니다. 어쨌든 사도의 이런 가르침에 비추어보면 우리가 예배할 때 갖춰야 할 복장은 주 안에서 자유로울 수 있지만, 예배 흐름을 분산하거나 엉뚱

한 곳으로 모아지도록 해서는 안 된다는 결론에 이릅니다. 그것은 참으로 하나님을 예배하는 자에게 부끄러운 일입니다.

저는 그날 다른 견지에서 그 자매에게 대답해 주었습니다. 예배의 정의를 상기시켜준 것입니다. 예배는 하나님의 가치를 인정하고 높여드리는 행위입니다. 예배의 초점과 관심은 한 분 하나님께만 돌려져야 마땅합니다. 그 어떤 것도 하나님이 받아야 할 우리의 마음과 생각을 앗아가서는 안 됩니다. 이렇게 보면, 의외로 간단하게 풀립니다. 나 때문에, 그것도 내 차림 때문에 온전히 하나님께 집중되어야 할 예배와 찬양이 내게 모아진다는 것은 바람직하지 않습니다. 찬양을 통해 높아져야 할 분은 하나님인데, 나 때문에 시선이 온통 분산되거나 내게만 모아지는 것은 잘못입니다. 내가 누구관대 지존하신 주님께 예배하고 찬양하는 일을 그런 사소한 것으로 흐트러뜨린단 말입니까? 일부러 타인의 시선을 받으려는 심산이 아니라면, 그리고 자신의 취향이나 취미보다 공동체의 덕과 예배를 우선한다면 절제해야 합니다.

물론 그 자매에게만 문제가 있는 것은 아닙니다. 하나님을 노래하는 일에 온 신경을 집중하는 대신, 스타킹을 신지 않고 샌들을 신은 자매 모습에 때로 불건전한 생각에 사로잡히는 것도 잘못입니다. 산상수훈은 간음이란 외부 대상이 아니라 바라보는 자의 마음에서 비롯된다고 했습니다. 이미 그는 예배나 찬양보다는 다른 것에 마음을 두고자 했고, 그 핑계를 잘 찾은 것뿐입니다. 문제는 외모가 아니라 마음의 중심입니다.

문화적 기준을 지나치게 들이밀어서는 안 됩니다. 오래전에는 여자 성도가 발목이 보이는 치마를 입고 예배당에 와도 호통을 들었습니다. 오늘날 누군가가 그런 일로 야단을 친다면 고루한 사람이라고 놀림 받을 것입니다. 스타킹을 신지 않은 것은 그리 호들갑 떨 일이 아닌데, 그것을 두고 논란을 벌인 것은 문화적 잣대를 너무 엄격하게 둔 것이 아닌가 여겨집니다. 요약하자면 문화적 관습에서 벗어나는 차림은 주의해야 하지만, 지나치게 그런 잣대로만 사람을 평가해서는 안 된다는 것입니다.

다음은 찬양과 감정의 관계입니다. 그 자매는 찬양을 하다가도 내적 감성이 표출되는 자신을 보고 종종 '내가 왜 이러지? 무엇 때문에 이런 느낌이 드는 거지?'라는 생각이 든다고 합니다. 이런 반응은 비단 그 자매뿐만 아니라 다른 이들에게서도 볼 수 있습니다. 그렇게 찬양을 하고 나면 내면이 가득차기보다는 오히려 허전해집니다. 그리스도의 영으로 심령이 풍성해지기보다 오히려 갈증을 느낍니다. 그렇다면 찬양을 드릴 때 감정 표현을 억제해야 할까요?

위대한 신학자이자 뛰어난 부흥사, 이 시대에 본받지 않으면 안 되는 통전적인 목사이자 신자인 조나단 에드워즈는 우리에게 유용한 관점을 제공합니다. 그가 사역하던 교회가 하나님 은혜로 크게 부흥하였습니다. 많은 영적 경험도 생겨났습니다. 에드워즈는 자신의 교회에 부흥을 일으켰을 뿐 아니라, 그것을 주의 깊게 연구하여 「신앙 감정론」(부흥과개혁사 펴냄)이라는 주요 저작을 남겼습니다.

그 책의 핵심 요지는 이렇습니다. 신앙에는 정서가 차지하는 역할과 비중이 막대합니다. 그 유익은 실로 큽니다. 참된 신앙에는 반드시 고결한 영적 정서가 드러납니다. 그러한 정서가 없다면 신앙은 참으로 무미건조하고 무감각해질 것입니다. 그렇지만 신앙을 정서 자체로 환원하거나 축소해서는 안 됩니다. 모든 정서가 곧 영적으로 참된 것은 아니기 때문입니다. 다시 말하자면, 신앙에는 정서가 반드시 필요하지만 그렇다고 정서가 곧 신앙은 아닙니다.

에드워즈는 찬양할 때 감정 자체로 은혜 받았다는 것을 거절합니다. 참된 은혜로운 정서는 하나님 자체에서 온다고 합니다.

그것이 그가 제시하는 첫째 기준입니다. 그 밖에 우리가 기억해야 할 것으로는 성품이 바뀌는 것, 영적 갈망이 갈수록 커지는 것, 실천하는 삶에서 반드시 열매를 맺는 것 등입니다. 열매를 보면 그 나무를 알 수 있고 뿌리가 좋아야 열매도 좋다고 했습니다. 참 하나님 은혜는 삶의 변화와 직결됩니다.

우리가 찬양할 때 공허한 감정을 느끼는 것은, 그리고 문득 여러 가지 감정에 사로잡힐 때 의문이 드는 이유는 일견 올바른 영적 감정에 대해 사탄이 의혹의 씨앗을 뿌렸기 때문일 수도 있습니다. 사탄은 능히 그러고도 남는 악한 존재입니다. 그러니 바꿔 말해서, 에드워즈가 가르쳐준 대로 정서 자체에 몰두해서는 안 됩니다. 신령하고 거룩한 감정은 인간 내면이 아니라 하늘로 말미암아 우리에게 오는 것입니다. 탐닉해서는 절대 안 됩니다.

그때 저는 자매에게 시편의 찬양을 이야기해 주었습니다. 시편뿐 아니라 성서에 기록된 모든 찬양과 기도는 동일한 형식을 보입니다. 하나님의 성품과 사역, 곧 그분이 행하신 일과 그분의 어떠하심을 고백하고 노래한 다음 그것에 따른 인간의 반응이 나타납니다. 성전에서 거룩한 하나님을 만난 이사야는 죄인 된 자신을 봅니다. 100세에 아들 이삭을 얻은 아브라함에게 하나님은 전능하신 분입니다. 아브라함은 자신의 생물학적 나이에 의거해서 하나님의 능력을 계산했으나, 하나님은 무제약적 능력으로 아들을 주셨습니다.

찬양을 하다가 내면에 흐르는 감정의 기류가 미심쩍어지는 이유는 하나님에 대한 묵상과 이해가 부족하기 때문일 것입니다. 하나님의 가치를 목소리 높여 찬양하기보다 노래방에서 노래하듯 절제되지 않은 감정을 있는 그대로 표출하기 때문에, 하나님 없는 찬양을 드렸기 때문에 그런 회의가 드는 것입니다. 그래서 찬양 집회에 갈까 말까 고민하는 것입니다. 찬양 시간을 괜히 멀리하게 되는 것입니다.

마르바 던은 하나님이 우리 예배의 무한한 중심이라는 사실을 힘주어 강조합니다. 그는 특별히 찬양과 관련해서 하나님이 예배의 중심이 아닌 두 가지 경우를 지적합니다. 하나는 하나님이 누구이며 왜 그분이 중요한지를 말하지 않고 그저 노래하는 찬양 인도자이고, 다른 하나는 도대체 왜 하나님이 우리의 소망과 능력, 생명인지에 관해 일언반구도 없는 찬양 가사입니다. 그는 안타까워하며 절규합니다. "우리가 찬양하는 예수님에 관해 중요한 것이 무엇인지 내게 말해 달라!"

A. W. 토저는 잘못된 예배로 사마리아 예배를 예로 듭니다. 사마리아 사람들은 무엇을 예배하는지도 모르면서 예배합니다(요 4:22). 자기에게 맞는 것만 고르고 그 밖에 다른 것은 갖다 버립니다. 하나님을 제대로 알지도 못하면서 하나님을 판단합니다. 이런 토저의 비판을 적용하면 우리가 하나님을 깊이 묵상하지 않고 드리는 모든 찬양도 사마리아 찬양입니다. 겉보기에는 하나님을 노래하지만, 실은 저마다 음악적 기호를 즐기는 것입니다. 하나님을 경배하지 않고 하나님을 소비합니다. 하나님이 아니라 자신을 높이는 것이지요.

그러므로 차림이나 외모와 같은 것이 그분을 예배하며 드리는 모든 노래를 방해하지 않도록 주의해야 합니다. 또한 하나님이 어떤 분인지에 대한 깊은 묵상과 성찰이 뒤따르지 않는 찬양은 껍데기일 뿐입니다. 전자나 후자 모두 내 내적 감정이나 음악적 선호, 유행을 따르는 외모가 하나님 자리를 차지하고 말았습니다. 모름지기 모든 예배와 찬양이란 하나님을 하나님 되게 하는 것입니다(Let the God be the God). 예배란 하나님의 가치를 그분의 가치에 합당하게 돌려드리는 것이라는 간단한 진리를 늘 기억해야겠습니다.

나눔

1. 예배에서 찬양이 차지하는 비중은 이루 말할 수 없을 만큼 큽니다. 찬양 팀이나 악기, 조명과 같은 시설에 많은 투자를 하는 것을 어떻게 생각합니까?

2. 찬양을 인도하는 사람의 복장 문제에 대해 어떻게 조언하겠습니까?

3. 찬양이 우리에게 주는 정서적 측면에만 빠지지 않고 찬양의 주인이자 대상인 하나님을 찬양하는 방법에 대해 서로의 생각을 나누어봅시다.

15장 열린 예배에 빠진 몇 가지

이제 "열린 예배"라는 말은 사람들에게 낯설지 않고, 거부감도 많이 줄고, 대중적으로 자리 잡은 명칭이 되었습니다. 본고장인 미국에서는 구도자 예배(Seeker Service)라고 부릅니다. 무엇이라고 부르던 간에 이 예배는 전통적인 예배에서 느끼는 딱딱함과 지루함, 거부감과 거북임을 줄이고 비그리스도인이 자연스럽게 기독교로 들어올 수 있도록 그들의 눈높이에서 예배의 모든 순서와 프로그램을 계획하고 진행하는 예배를 말합니다.

그러다 보니 되도록 기독교 용어나 상징을 사용하지 않으며, 친밀감을 높이기 위해 인도하는 예배자도 일상적인 차림을 하고 편안한 말투를 쓰며, 찬양도 함께 부르기보다는 듣는 시간을 많이 갖고, 함께 부를 찬양은 비그리스도인도 익히 아는 친숙한 곡으로 선곡합니다. 예배당 분위기는 마치 연주회 공간처럼 꾸미고, 여러 조명이나 악기를 최대한 동원합니다. 여하튼 비그리스도인이 예수님을 영접하는 데 걸림돌이 되지 않도록 복음 외적인 것에 신경을 집중합니다.

그동안 이에 대한 찬반 논란이 거셌습니다. 찬성하는 사람들은 여태껏 예배가 하나님의 가치보다 고루한 전통, 예컨대 순서, 형식, 찬양, 차림 등을 고수한 것은 아닌지 반성합니다. 이러한 전통은 새신자가 하나님보다는 그 공동체의 낡은 관행을 배우는 계기로밖에 인식되지 않기 때문입니다. 예배가 도리어 걸림돌이 되는 마당에 어떻게든 한 영혼이라도 주께 인도하겠다는 불타는 구령의 열정을 조금이나마 인정한다면 열린 예배가 갖는 얼마간의 단점이야 너끈히 눈감아줄 수 있지 않겠느냐는 생각도 듭니다.

반론도 만만치 않습니다. 과연 비그리스도인에게 예배가 가능한지 묻습니다. 예배의 정의, 하나님의 가치를 인정하는 것을 상기하면 비그리스도인에게 예배란 애당초 불가능한 일입니다. 하나님을 알지 못하고서는 예배할 수 없습니다. 초대교회 집사들에게는 그리스도인이 아닌 사람들의 예배 참석을 막는 일이 주된 임무 가운데 하나였다고 합니다. "예배는 외부인을 위해 있는 것이 아니며 외부인은 예배에 참석할 수도 없었다."

그리고 예배 대상은 하나님인데도 비그리스도인에게 초점이 맞추어져 있지 않느냐는 반박도 있습니다. 맞습니다. 요즘 유행하는 말로 하면 소비자 중심 예배입니다. 하나님 중심이 아닙니다. 예배가 마치 쇼나 오락 프로그램이 되는 현실을 질타하는 토저의 목소리가 새롭습니다. "종교적 연예 오락이 그리스도의 교회를 너무나 타락시켰기 때문에 수백만의 사람들은 그것이 '이단'이라는 사실조차 알지 못한다."

또한 예배는 그 자체가 목적이어야 하는데 예배를 전도 수단으로 삼는 것이 아니냐는 반론도 있습니다. 전도가 이웃을 향한 것이라면, 예배는 하나님을 향한 것입니다. 예배가 일차적으로 하나님과의 관계라면, 전도는 이웃과의 관계입니다. 좋은 예배에 전도는 반드시 필요한 요소지만, 그것이 전부는 아닙니다. 전도는 "비그리스도인을 위한" 것이지만, 예배는 "하나님을 위한" 것입니다. 예배는 그 자체가 목적이어야 합니다.

여기에서 저는 먼저 실용적인 측면에서 지적할 것이 있습니다. 열린 예배가 좋다고 무턱대고 따라 해서는 안 됩니다. 이는 작은 교회가 열린 예배를 드릴 만한 처지가 못 된다는 현실을 감안해서 하는 말이 아닙니다. 각자 현실에 걸맞게 열린 예배를 기획하고 실천하면 그만입니다. 그런데 하이벨스 목사는 그리스도인과 비그리스도인의 예배를 구분합니다. 그래서 주일 낮에는 비그리스도인을 위해, 주중에는 핵심 그리스도인을 위해 예배를 드립니다. 둘을 잘 구분해서 드린다면 열린 예배 자체는 문제될 소지가 별로 없습니다. 다만 모방하려는 이들이 이 둘을 혼동하여 섞어버리는 것이 문제입니다.

둘째는 역사적인 비판입니다. 초대교회 역사가인 알렌 크라이더 박사는 아주 놀라운 정보를 전해 줍니다. 초대교회에는 전도를 강조하거나 조직적으로 전도하지 않았다고 합니다. 초대교회는 비그리스도인의 회심을 위해 기도한 적이 거의 없을 뿐더러 그들을 전도하라는 목회적 권면도 없었다는 것입니다. 앞서 말씀드렸듯이 비그리스도인은 예배에 아예 얼씬도 하지 못했습니다.

이는 한편으로 초대교회의 역사적 정황과도 직접적인 관련이 있습니다. 초대교회 성도들은 그리스도인이라는 사실만으로 온갖 박해와 위험을 감수해야 했습니다. 우리가 아는 것과 달리 늘

대대적으로 핍박당한 것은 아니지만, 그런 위험이 상존했습니다. 비그리스도인이나 이교도가 예배에 들어와서 이해하지 못한 채 말도 안 되는 뜬소문을 퍼뜨리면 큰일이기 때문입니다. 그래서 외부인에게 예배의 빗장을 걸어 잠근 것입니다.

그러므로 초대교회라고 액면 그대로 본받아야 하는 것은 아닙니다. 다만, 우리가 주목해야 할 것은 이것입니다. 당시에 그리스도인이 된다는 것은 위험천만한 일이었습니다. 안락한 삶과 사회적 지위, 명성을 포기해야 했습니다. 그런데도 전례 없이 부흥한 것은 예배 자체에 볼거리가 많아서가 아닙니다. "초대교회는 예배가 매력적이기 때문에 성장한 것이 아니다." 오히려 "이교도의 출입을 거절한 예배가 교회 확산에 매우 중요한 역할"을 했습니다.

"초대교회 당시에는 예배와 전도 사이에 아무런 관계가 없었다"고 잘라 말하던 크라이더가 말을 번복해서 관계가 있다고 말하는 것일까요? 둘을 연결하고 매개하는 것은 외적 전도가 아니라 구별된 삶입니다. 그리스도의 복음과 그 복음을 따라 사는 증인들의 삶은 매혹적이었습니다. 세상과는 정녕 다른 무언가가 있었습니다. 구별된 삶 없이 비그리스도인을 초대하는 것은 매력이 아니라 강매가 되기 십상입니다.

> 초대교회의 예배는 새롭게 참여한 이교도들로 하여금 예수 그리스도의 삶을 따르는 구별된 사람으로서 새로운 삶을 살게 했다. 이렇게 새롭게 변화된 사람들의 삶은 그 자체가 매력적일 뿐 아니라 자유로웠다. 사회적인 혼란과 궁비, 특권층과 가난한 자들 사이의 깊은 격차, 삶의 가치를 손상시키는 중독과 강박적 성이 난무하던 시기에도 초대교회가 성장할 수 있었던 이유는 교회와 그 구성원들이 그리스도 안에서 경쾌하게 살아 갈 수 있는 자유와 올바른 삶의 길을 발견했기 때문이다.

셋째로 인간학적인 이유입니다. 사람들은 예배의 문턱이 한없이 낮아지길 바라지만, 다른 한편으로는 그 문턱이 끝없이 높아지기를 갈망합니다. 이것이 인간의 역설적인 모습이요, 예배를 향한 이중적 요구입니다. 레너드 스윗은 국민일보 칼럼 "'통'(通)하는 교회"에서 이렇게 말합니다. "젊은이들은 열린 예배의 친밀감을 원하지만 동시에 전통적 예배의 성스러움을 갈망한다." 어느 하나로만 쏠려서는 안 됩니다.

그러나 굳이 둘 중 하나를 선택하자면 성스러움입니다. 루돌프 오토는 하나님 체험을 "누미노제"(Numinose)라고 했습니다. 가장 적절한 번역은 "경외심"일 것입니다. 일종의 두려움이지만, 공포심은 아닙니다. 예컨대 막다른 길에서 무서운 맹수를 만났다고 가정해 보십시오. 그것은 공포입니다. 그러나 가시떨기 앞의 모세나 하나님의 산에서의 엘리야, 예수님 앞에서의 베드로는 모두 그분을 두려워하면서도 사랑합니다. 거부하고 멀리하고픈 것이 아니라 도리어 끌리는 감정입니다.

사람들은, 그리고 차세대는 교회에 극장식 예배나 대형마트와 같은 편리함, 쇼핑광고와 같은 화려함을 바라는 것이 아닙니다. 그 모양이 어떠하든지 세상 한복판에서 거룩과 신성을 호흡하고 싶어합니다. 비그리스도인들 역시 자기들이 거리낌 없이 드나들 수 있는 예배당보다는 옷매무새를 고치고 심호흡 한 번 하고 들어갈 수 있는 예배를 그리워합니다. 그래서 최근에는 영미를 중심으로 기독교만의 고유성과 독특성에 따른 예배를 드리자는 목소리가 점점 커지고 있습니다.

사실 죄인인 인간이 어찌 하나님 앞에서 어떠한 부담이나 불편함 없이 설 수 있단 말입니까? 베드로의 설교나 스데반의 설교를 들은 청중은 모두 공통된 반응을 보입니다. "마음에 찔려"(행 2:37, 7:54). 베드로의 설교를 들은 청중은 "마음에 찔려" "이를 어이할꼬"라고 탄식하며 회개했지만, 스데반의 설교를 들은 청중은 "마음에 찔려" 이를 갈며 돌을 들어 내리쳤다는 점이 다릅니다. 초대교회가 지닌 강점은 성도의 변화된 삶이라고 했는데, 한 가지 덧붙이자면 복음의 완강한 요구입니다. "너는 죄인이다. 그러나 나는 너를 용서한다"라는 하나님의 완고한 사랑이 사람들로 하여금 예수님을 영접하게 만드는 것입니다.

마지막으로 신학적인 이유입니다. 열린 예배의 순수한 동기를 폄하하려는 의도는 없습니다. 단지 신학적인 동기에 문제가 있습니다. 예배 대상은 하나님입니다. 하나님이 아닌 어떤 것도 예배 대상이 될 수 없습니다. 허나 열린 예배는 하나님보다 사람에게 관심을 쏟습니다. 어떻게 하나님을 예배할 것인지가 아니라 어떻게 사람들에게 친밀하게 다가설 수 있는지에 골몰합니다. 하나님이 어떻게 받으셨는지는 안중에 없고, 젊은 세대에게 무난하게 잘 받아들여졌는지에 치중합니다.

이렇게 하나님이 무엇을 말씀하시는가보다 사람이 어떻게 말하는가에 주안점을 두는 것을 "혼합주의"(Syncretism) 또는 "콘스

탄틴주의"(Constantinism)라고 합니다. 이를 두고 예수님은 세상을 본받지 말라고 이미 경고하셨습니다. 교회가 성서에 부합하는지보다 당대에 적합한지를 골몰합니다. 그러나 "성서의 관심은 나사렛 예수의 삶과 십자가, 부활을 통해 이제 우리와 함께하시는 하나님에 관한 진리와 복음에 우리가 신실한지 여부에 있다."

로마서 12장 2절을 필립스는 이렇게 번역합니다. "너희 주위에 있는 세상이 너희를 쥐어짜서 그 틀에 맞추게 하지 말고, 하나님이 너희의 마음을 안으로부터 개조하도록 하라." 세상의 틀에 순응하지(conformed) 말고 오히려 변화시키라(transformed)는 뜻입니다. 세상이 설정한 패러다임 안에 자신을 끼워 넣지 말고 패러다임 전환을 하라는 것입니다. 생각과 말, 행동에 이르기까지 세상의 표준을 따라 살지 말아야 합니다. 그것이 하나님께 드려야 할 예배의 출발점입니다. 사람이 아니라 하나님께 맞춘 예배는 우리를 향하신 하나님의 선하시고 기뻐하시고 완전하신 뜻입니다.

나눔

1. 저자는 열린 예배의 필요성을 인정하면서도 하나님이 최고 가치라는 기준에 따라 몇 가지를 지적했습니다. 그것이 무엇인지 설명해 보고, 각자 의견을 나누어봅시다.

2. 초대교회 예배가 비그리스도인의 참여를 배제했는데도 전도의 효과를 거둔 것은 무엇 때문입니까? 그리고 오늘날의 교회가 동일한 방식으로 예배해도 전도의 열매를 거둘 수 있을지 토론해 봅시다.

3. 전통 예배의 지나친 형식주의와 열린 예배의 지나친 개방성을 지양하고 경외감과 친밀감이 있는 예배가 되려면 어떤 노력이 필요할까요?

16장 교회력 예배
_예배의 다양성과 자유를 위하여

최근 한 목사님이 한국 교회에서 내로라하는 목사님들의 설교를 날카롭게 비평하는 작업을 펼쳤습니다. 인상적인 것은 교회력에 따른 예배와 설교를 비평의 잣대로 사용한 것입니다. 좋은 설교 또는 성서적인 설교 여부를 판단하는 기준이 교회력입니다. 교회력에 따르지 않고 성서 중 한 권을 집중적으로 연속하는 강해설교는 심각한 문제로 비판받았습니다. 성서 텍스트가 침묵 당하는 것, 설교자 개인의 영성이 교회의 역사적 영성을 넘어서는 것은 위험하다는 등의 이유에서입니다.

그럼 교회력(Church Year)이란 무엇일까요? 교회력은 일 년을 대림절, 성탄절, 주현절, 사순절, 성삼일, 부활절, 성령강림절, 그 이후로 구분합니다. 한 해를 예수님의 도래와 재림을 기다리는 것으로 시작해서 부활과 오순절 이후 삶으로 이어갑니다. 예수님의 일생을 중심으로 한 해가 짜여 있습니다. 그래서 모든 시간이 "그리스도의 성육신과 공생애 사역, 죽음, 그리고 부활 속으로 들어가"도록 합니다.

"교회력의 단순하고도 간단한 목적은 그리스도를 통한, 특히 그의 죽음과 부활로 말미암은 하나님의 구원 행위에 관한 복음을 선포하는 것"입니다. 교회력을 통해 일상은 그리스도의 삶과 죽음, 부활, 재림의 반복으로 정돈됩니다. 교회력은 "성서적인 근거를 지니고 있을 뿐만 아니라 역사적으로도 연속성을 가지고 있으며 이 시대에 어울리는 적합성도" 있습니다. 교회력이 지닌 영성과 역사적 무게는 뛰어난 설교자 개인의 영성에 견줄 수 없을 만큼 우월합니다. 그런 교회력을 무시하고 설교를 한다는 것은 수천 년 교회사가 지닌 지혜의 보고를 묵혀두는, 정말이지 지혜롭지 못한 처사일 겁니다. 따라서 교회력 자체가 지닌 의미와 중요성은 아무리 강조해도 지나치지 않습니다.

허나 모든 설교가 반드시 교회력을 따라야 한다는 말은 아닙니다. 교회력이 성서적인 것은 사실이지만, 전부는 아니기 때문입니다. 성서 한 권만을 설교 본문으로 삼을 수도 있고, 그런 방식도 좋다고 봅니다. 성서는 그 자체로 설교되어야 합니다. 때로 한 권을 통째로 연속해서 강해설교를 할 수도 있고, 특정 주제로 본문을 설교할 수도 있고, 교회력을 따라 할 수도 있습니다. 그런데도 유독 교회력 설교를 강조하면서 강해설교를 하는 설교자를 두고는 스타목사를 배출하려는 것이라고 조소하거나 무모한 시도라 함은 과한 억지 주장으로 보입니다. 연속 강해설교 이름으로 성서가 침묵할 수 있듯이, 교회력의 이름으로도 얼마든지 그럴 수 있습니다.

그리고 예배와 설교의 다양성을 고려해야 합니다. 가톨릭과 개신교의 예배와 설교는 모양이 참 다릅니다. 개신교만 살펴보더라도 16세기에 시작된 루터파와 개혁파, 아나뱁티스트, 성공회, 그 이후 청교도 모두 예배가 서로 다릅니다. 그리고 역사적으로 17세기에는 퀘이커교, 18세기에는 감리교, 19세기에는 변경파, 20세기에는 오순절파 가 개신교에 생겨났는데, 이들도 예배 형태가 상이합니다. 그러니까 각 시대마다 변화에 따른 다양한 경건의 모습이 있었습니다.

교회력을 중시하는 모습은 영성의 색깔로 보자면, 전통주의 영성에 해당합니다. 게리 토마스는 영성을 자연주의, 지성주의, 박애주의, 행동주의 등 모두 9가지로 구분합니다. 이러한 다양성은 우리로 하여금 예배의 자유를 만끽하게 합니다. 교회력은 그중 하나일 뿐입니다. 그동안 교회가 예배의 형식과 격식을 너무 없애려다 그에 합당한 대가를 톡톡히 치른 것은 사실이지만, 그렇다고 형식과 격식이 전부라고 한다면 개신교 예배가 지닌 자유와 다양성을 심하게 훼손할 것입니다.

이렇게 다양한 예배는 교회 공동체 내의 다양한 요구를 만족시킬 수 있습니다. 교회 안에는 서로 다른 사람들이 공존합니다. 하나만 지나치게 강화하면 일부는 만족스러워할지 몰라도 그 밖에 다른 그리스도인들은 소외될 수 있습니다. 그러므로 "예배가 신약성서적 의미에서 완전히 기독교적이고, 살아 움직이려면 '자신이 원하는 때와 장소에 자신이 원하는 방식대로 역사하시는 성령'을 맞이할 수 있는 통로를 예배가 준비하여야만 한다"는 말은 참으로 합당합니다.

그리스도인뿐 아니라 하나님도 다양성과 자유를 존중하십니다. 전통적으로 삼위일체 신앙은 통일성과 함께 다양성도 고려하는 기독교만의 고유한 사고틀입니다. 예배에 관해서도 유용한 준거틀입니다. 그분은 단 하나의 예배가 아니라 다양한 예배를 기뻐하십니다. "분명히 우리 창조주께서는 다양성을 기대하신다. 우리는 모두 매우 다양한 은사를 소유하도록 창조되었다. 개신교 예배의 총체적 목적은 다양한 은사가 이 은사를 창조한 창조주를 찬양하는 데 사용되는 것이다." 하나님이 의도적으로 다르게 만들었는데, 인간이 작위적으로 같게 만들려는 일은 피해야 합니다.

신약성서 시대의 예배는 지금보다 훨씬 더 개방적이고 자유로웠습니다. 그것이 역사적으로 발전하면서 오늘날의 교회력으로 확대되었다고 하더라도, 신약 시대의 예배에는 교회력 예배로 환원할 수 없는 풍부함이 있습니다. 오히려 그 당시에는 예배에 관한 분명한 규정이 없었으나 시대의 흐름과 함께 예배가 규격화된 것입니다. 그 결과 회중이 자발적으로 마음을 다하여 참여하던 예배의 시대는 지나가고 예배서와 기도서의 시대로 접어들게 되었습니다.

하여, 신약 시대의 예배 특징은 우리 것이 되어야 합니다.

된 예배와 반대되는 자발적이고 자유로운 예배 (2) 역사 예배와 반대되는 기도 예배 (3) 제사장적 예배와 반대되는 예배자들이 참여하는 예배 (4) 의식적 예배와 반대되는 설교 예배 (5) 외형적, 정적적 예배와 반대되는 영적, 감정적, 내적 예배 (6) 복잡하고 '신비적인' 예배와 반대되는 단순하고 직접적인 예배라고 할 수 있다.[11]

교회력 예배가 분명 성서적이고 역사적이며 실제적이라는 것에 십분 동의합니다. 오늘날의 개신교 예배에 사라진 전통과 형식이 주는 안정감은 큰 장점입니다. 형식에 구애받지 않는 자유로운 예배와 함께 격식을 제대로 갖춘 교회력 예배도 우리 예배를 풍성하게 할 것입니다. 그러나 예배의 다양성과 역사를 무시하는 일은 피해야 합니다. 그리고 예배 형식을 두고 말싸움을 벌이는 것은 적절하지 못합니다. 성서는 우리에게 예배의 자유를 장려합니다.

성서가 딱히 예배를 어떻게 드려야 한다는 분명한 규정과 지침을 제공하지 않으니 다양한 예배를 드릴 자유를 허용해야 하고 누려야 마땅합니다. 그러나 자신이 선호하는 예배, 예를 들면 교회력 예배나 열린 예배를 잣대로 삼아 다른 예배의 형식을 판단하는 것도 주의해야겠습니다. 어디서 예배해야 하느냐는 여인의 물음에 예수님은 누구에게 예배하는 것이 중요하다고 대답하시고, 이어서 어떤 형식이어야 하느냐는 질문에 신령과 진정, 곧 하나님의 영과 하나님의 진리이신 예수 그리스도 안에서 예배하라고 답하십니다. 그것이 우리 대답이어야 하며, 우리 예배를 평가하는 제일의 가치가 되어야 합니다.

나눔

1. 교회력 예배가 무엇인지, 그 중요성과 필요에 대해 이야기해 봅시다.

2. 신약성서 예배의 여섯 가지 특징을 말해 보고, 자신이 속한 공동체에 적용할 만한 것이 있는지 말해 봅시다.

3. 초대교회는 개방적이고 자유로운 예배를 드렸습니다. 하나님은 다양한 예배를 기대하십니다. 각자 은사를 활용하는 것은 그런 멋진 예배를 드리는 중요한 방편입니다. 하나님이 내게 주신 은사는 무엇이고, 어떻게 예배에 기여할 수 있습니까?

1장 예배란 무엇인가

1. 매트 레드맨, 「엎드림」, 죠이선교회 펴냄, 21쪽.

2. 김남준, 「예배의 감격에 빠져라」, 규장 펴냄, 45쪽.

3. 릭 워렌, 「목적이 이끄는 삶」, 디모데 펴냄, 84쪽.

4. A. W. 토저, 「이것이 예배이다」, 규장 펴냄, 145쪽.

5. 같은 책, 148쪽.

6. 릭 워렌, 「목적이 이끄는 삶」, 디모데 펴냄.

7. 새찬송가 94장, "주 예수보다 더 귀한 것은 없네".

2장 예배는 희생입니다

1. 류성민, 「성스러움과 폭력」, 살림 펴냄, 28쪽.

2. 같은 책, 28쪽.

3. 같은 책, 57쪽.

4. 같은 책, 58-59쪽.

5. 현길언, "사제와 제물," 현길언 외, 「90 현대문학상 수상 소설집」, 현대문학 펴냄, 1990, 43쪽.

3장 예배는 안식입니다

1. 린 밥, 「즐겁게 안식할 날」, IVP 펴냄, 16쪽.
2. 매트 레드맨, 「하나님 앞에 선 예배자」, 죠이선교회 펴냄, 87-88쪽.
3. N. T. 라이트, 「예수와 하나님의 승리」, 크리스찬다이제스트 펴냄, 603쪽.
4. Robert C. Tannehill, *Luke*, Abingdon Press, 111쪽.

4장 예배는 싸움입니다

1. 짐 윌리스, 「회심」, IVP 펴냄, 207쪽.
2. 유성준, 「세이비어 교회」, 평단문화사 펴냄, 202쪽.
3. 짐 윌리스, 「회심」, IVP 펴냄, 212쪽.
4. 같은 책, 215쪽.
5. 데이빗 루이스, 「하나님이 찾으시는 예배」, 죠이선교회 펴냄, 168-173쪽.

5장 예배는 만남입니다

1. 리처드 포스터, 「기도」, 두란노 펴냄.
2. 헨리 나우웬, 「영적 발돋움」, 두란노 펴냄.
3. 매트 레드맨, 「엎드림」, 죠인선교회 펴냄, 48쪽.
4. 김기현, 「가룟 유다 딜레마」, IVP 펴냄.
5. 매트 레드맨, 「하나님 앞에 선 예배자」, 죠이선교회 펴냄, 29-35쪽.

6장 이렇게 예배하라

1. 맥스 루카도, 「예수님처럼」, 복있는사람 펴냄, 93쪽.
2. A. W. 토저, 「이것이 예배이다」, 규장 펴냄, 114-115쪽.
3. 김남준, 「예배의 감격에 빠져라」, 규장 펴냄, 131쪽.
4. A. W. 토저, 「이것이 예배이다」, 규장 펴냄, 204쪽.

7장 소중한 것을 먼저 하는 예배

1. 마르바 던, 「안식」, IVP 펴냄, 1부.
2. 같은 책, 39쪽.
3. 최에스더, 「성경 먹이는 엄마」, 규장 펴냄, 64쪽.
4. 같은 책, 64-68쪽.
5. 같은 책, 59-60쪽.
6. 같은 책, 60쪽.

8장 예배의 종류_개인 예배

1. 스티븐 코비, 「소중한 것을 먼저 하라」, 김영사 펴냄, 132-134쪽.
2. 이덕주, 「한국교회 처음 이야기」, 홍성사 펴냄, 185-187쪽.
3. 디트리히 본회퍼, 「신도의 공동생활」, 대한기독교서회 펴냄, 54쪽.

9장 예배의 종류_공동 예배

1. 본회퍼, 「신도의 공동생활」, 대한기독교서회 펴냄, 101쪽.

2. 리처드 포스터, 「영적 훈련과 성장」, 생명의말씀사 펴냄, 235쪽.

10장 예배의 종류 _생활 예배
1. 존 요더, 「예수의 정치학」, IVP 펴냄, 298쪽.
2. A. W. 토저, 「이것이 예배이다」, 규장 펴냄, 207쪽.

11장 예배의 종류 _가정 예배
1. 마르바 던, 「안식」, IVP 펴냄.
2. 김영봉, 「사귐의 기도를 위한 기도선집」, IVP 펴냄.
3. 새찬송가 559장, "사철에 봄바람 불어 잇고".

12장 무엇을 예배하는가 _하나님 vs. 맘몬
1. 존 화이트, 「금송아지 예배자」, 규장 펴냄, 170쪽.
2. A. W. 토저, 「예배인가 쇼인가」, 규장 펴냄, 222쪽.
3. 같은 책, 179-180쪽.
4. 같은 책, 135쪽.
5. 같은 책, 143-144쪽.
6. 같은 책, 146쪽.
7. 같은 책, 57-66쪽.
8. A. W. 토저, 「이것이 예배이다」, 규장 펴냄, 101쪽.
9. 존 화이트, 「금송아지 예배자」, 규장 펴냄, 123쪽.

10. A. W. 토저, 「예배인가 쇼인가」, 규장 펴냄, 148쪽.
11. 리처드 포스터, 「돈, 섹스, 권력」, 두란노 펴냄, 47쪽.
12. 쟈크 엘룰, 「하나님이냐 돈이냐」, 대장간 펴냄, 152-153쪽.
13. 같은 책, 154-167쪽.
14. 같은 책, 172쪽.
15. 리처드 포스터, 「돈, 섹스, 권력」, 두란노 펴냄, 75쪽.
16. 쟈크 엘룰, 「하나님이냐 돈이냐」, 대장간 펴냄, 123쪽.
17. 같은 책, 124쪽.
18. 리처드 포스터, 「돈, 섹스, 권력」, 두란노 펴냄, 73쪽.
19. 양용의, 「마태복음, 어떻게 읽을 것인가」, 성서유니온 펴냄, 125쪽.

13장 예배냐 공부냐
1. 마르바 던, 「고귀한 시간 '낭비'」, 이레서원 펴냄, 9쪽.
2. 〈복음과 상황〉, 187호(2006. 7. 1.), 26-27쪽.
3. 마르바 던, 「안식」, IVP 펴냄, 60쪽.

14장 예배 찬양에서 주의할 점
1. 마르바 던, 「고귀한 시간 '낭비'」, 이레서원 펴냄, 11장.
2. 같은 책, 258쪽.
3. A. W. 토저, 「이것이 예배이다」, 규장 펴냄, 94-97쪽.

15장 열린 예배에 빠진 몇 가지

1. 알렌 크라이더, 「초대교회의 예배와 전도」, KAP 펴냄, 18쪽.
2. 같은 책, 19쪽.
3. A. W. 토저, 「예배인가 쇼인가」, 규장 펴냄, 146쪽.
4. 마르바 던, 「고귀한 시간 '낭비'」, 이레서원 펴냄, 206쪽.
5. 같은 책, 204쪽.
6. 마르바 던, 「고귀한 시간 '낭비'」, 이레서원 펴냄, 209쪽
7. 알렌 크라이더, 「초대교회의 예배와 전도」, KAP 펴냄, 16-19쪽.
8. 같은 책, 17쪽.
9. 같은 책, 21쪽.
10. 같은 책, 19쪽.
11. 같은 책, 21쪽.
12. 〈국민일보〉 해외석학 칼럼, "통(通)하는 교회", 2007년 3월 29일.
13. Stanley Hauerwas & William H. Willimon, *Resident Aliens: Life in the Christian Colony*, Abingdon Press, 22쪽. 스탠리 하우어워스, 윌리엄 윌리몬, 「하나님의 나그네 된 백성」, 복있는사람 펴냄, 29쪽.

16장 교회력 예배 _예배의 다양성과 자유를 위하여

1. 로버트 E. 웨버, 「교회력에 따른 예배와 설교」, 기독교문서선교회 펴냄, 28쪽.

2. 같은 책, 36쪽.

3. 같은 책, 24쪽.

4. 같은 책, 21쪽.

5. 제임스 F. 화이트, 「개신교 예배」, 기독교문서선교회 펴냄, 360쪽.

6. 같은 책, 361쪽.

7. 게리 토마스, 「영성에도 색깔이 있다」, CUP 펴냄, 3장.

8. 일리온 T. 존스, 「복음적 예배의 이해」, 한국장로교출판사 펴냄, 109쪽.

9. 제임스 F. 화이트, 「개신교 예배」, 기독교문서선교회 펴냄, 371쪽.

10. 랄프 마틴, 「초대교회 예배」, 은성 펴냄, 198-200쪽.

11. 일리온 T. 존스, 「복음적 예배의 이해」, 한국장로교출판사 펴냄, 109-110쪽.

예배, 인생 최고의 가치

초판 발행	2009년 4월 30일
초판 9쇄	2024년 11월 1일
지은이	김기현
발행인	손창남
발행처	(주)죠이북스(등록 2022. 12. 27. 제2022-000070호)
주소	02576 서울시 동대문구 왕산로19바길 33, 1층
전화	(02) 925-0451 (대표 전화)
	(02) 929-3655 (영업팀)
팩스	(02) 923-3016
인쇄소	(주)주손디앤피
판권소유	ⓒ(주)죠이북스
ISBN	979-11-93507-35-3 03230

책값은 뒤표지에 있습니다.
잘못된 도서는 교환하여 드립니다.
이 책 내용을 허락 없이 옮겨 사용할 수 없습니다.